JN114014

名人の授業シリーズ
【準拠】

「なぜ」と「流れ」でおぼえる

日本史
年代暗記

東進ハイスクール・東進衛星予備校　講師
金谷俊一郎

はしがき

PRIFACE

年代は暗記するものではありません。
年代は時代を掴(つか)んで日本史を理解するための羅針盤となるものです。

鎌倉時代の歴史書『愚管抄』(慈円) が著された年，わかりますか？
多くの受験生は知らない年代です。
でもこの年代は簡単に覚えられるのです。
だからといって，この年代を「丸暗記」してはいけません。
なぜ慈円が『愚管抄』を著したのかが理解できていれば，
年代は自動的に頭に入るからです。

1219年，源実朝が鶴岡八幡宮で暗殺されました。
源氏の正統が滅んでしまいます。
これで鎌倉幕府も終わりかと思うと，そうではありません。
2代執権北条義時は，摂関家出身の藤原頼経を将軍に招き，
鎌倉幕府を存続させようとしたのです。
これに反発したのが，幕府と対立していた後鳥羽上皇です。
後鳥羽上皇は，武士を集めて北条義時追討の兵を上げようとします。

一方，慈円は，後鳥羽上皇に思いとどまってほしいと考えます。
武士が台頭し，もう時代は変わってしまった。
戦いを起こせば，朝廷にとってかえって不利になる。
そう考えた慈円は，後鳥羽上皇による鎌倉幕府討伐の計画は，
歴史の必然や道理に背くものだと非難する内容を『愚管抄』に記します。
そんな慈円の思いもよそに，**1221**年，後鳥羽上皇は承久の乱を起こします。
そして，幕府軍に惨敗し，隠岐に流されてしまいました。

『愚管抄』が著された年は，**1220**年です。
これは，源氏が滅んだ**1219**年の**翌年**，承久の乱 (**1221**年) の**前年**です。
前後の出来事の年代がわかっていれば，自然とついてきますよね。
このように，歴史上の出来事は，前後の出来事とつながっています。

その出来事はなぜ起こったのか。
なぜ翌年に起こったのか。
なぜ2年後に起こったのか。
なぜ前の年なのか。
そこにはすべて因果関係──「なぜ」と「流れ」があるのです。
それぞれの出来事のつながりを理解すれば，自然と年代もつながります。
年代を出発点にして，どんどん歴史事項を頭に入れることもできます。
つまり，年代を通じて「なぜ」と「流れ」を学ぶことによって，
因果関係を捉えながら極めて正確に歴史が理解できるわけです。

それなのに，多くの受験生は，この「なぜ」と「流れ」を無視して，
年代の数字だけを史実を無視したゴロ合わせで「丸暗記」しています。
これは，不毛な暗記どころではありません。
年代を手がかりにせっかく因果関係が理解できるのに，
その因果関係を理解することまで無視してしまう，
単なる数字の記憶になってしまうわけです。

私は30年間，「年代暗記の本は書かない」ことをポリシーとしてきました。
しかし，受験生は，あまりにも不毛な年代暗記に陥っています。
この受験生の窮状をいつまでも無視することはできません。
また，近年の入試では「なぜ」と「流れ」の理解が一層重視されています。
そこで，全く新しい年代暗記の本を作ることを決断しました。
本書は「年代暗記本の決定版」ともいえます。
みなさん，これで不毛な年代暗記に終止符を打ってください。
年代を軸にして，「なぜ」と「流れ」を理解し，
歴史事項を関連づけながら頭に入れていけば，
日本史はスラスラと頭に入ります。
なぜならば，私もそうやってすべて頭に入っているからです。

2022年11月

金谷俊一郎

（注）本書では，西暦の年数を「年代」と呼んでいます。

本書の特長

SPECIAL FEATURES

年代を使った「日本史の旅」

本書では，日本史における主要な歴史事項を一つひとつ抽出し，囲みをつけて年代順に並べ，それぞれを矢印でつないで前後の**関連性**を明確に表しました。おそらく――私の知る限り――これは「**日本初**」のレイアウト形式ではないでしょうか。そうやって出来上がった本書は，もはや普通の参考書と呼べる代物ではありませんでした。言うなれば，**年代を使った「日本史の旅」**です。スタートとなる年代（＝重要な歴史事項）を出発点に，関連する歴史事項と年代をどんどんと回収していく旅になっているのです。

日本史の流れを理解するため，また大学入試で高得点を獲得するため，歴史事項の年代を覚えておくというのは有用です。ただ，本書において重要なのは，年代ではありません。ゴロでもありません。各歴史事項の**関連性**です。関連性を理解して，「なぜその出来事がその年代なのか」をしっかりと理解してください。そうすれば，一つの年代を覚えるだけで，芋づる式に他の歴史年代も勝手についてきます。歴史事項の関連性がわかれば，日本史の「なぜ」と「流れ」はみるみる理解することができるのです。

もう，**不毛な丸暗記はやめましょう**。本書では，関連する歴史事項と年代が矢印で結ばれています。また，解説も各歴史事項の「**なぜ**」や前後の事項との**関連性**に焦点を置いたものにしています。本書の目的は，年代を丸暗記することではありません。年代のつながった歴史事項の関連性を明確に表すことで，**日本史の「なぜ」と「流れ」を最速で身につけてもらう**ことです。

史実に合ったゴロ合わせ

年代は前後の関連性で覚えることが重要ではありますが，最初の起点となる重要な歴史事項は，年代を暗記する必要がありますよね。また，年代のつながりの中には，覚えにくいものもあるかもしれません。そこで，スタートとなる重要な歴史事項や，つながりで覚えづらい歴史事項の年代には，ゴロ合わせを入れました。本書のゴロ合わせはあくまでも**補助的なもの**ではありますが，実は目に見えない大変な工夫が施されています。

私の高校時代の夢は作詞家になることでした。リズムを詞に合わせることを職業にしたいと思って勉強していました。その成果※1もあってか，私の授業はリズミカルであるという評価も多く受けますが，本書のゴロ合わせもできる限り**リズミカル**になるよう意識しました。全部口ずさんでみて，少しでもリズムの悪いものはリズムの良いものに変えました。

また，ゴロ合わせの文言にもこだわりました。例えば，「うぐいす」は、平安京の関連事項として入試に出題されないので，「鳴くよ（794）うぐいす」はあえて使いませんでした。そういったゴロは確かに覚えやすいのですが，史実に合わない無理くりな覚え方をするよりも，**史実に合った（関連する）ゴロ**で覚えた方が，歴史事項を正しく理解するうえではるかに有意義ですよね。本書では，ゴロ合わせはすべて，その歴史事項に関係する内容にしています。

▼ゴロ合わせにおける数字の読み方　※表外の読み方をするゴロも一部あります。

数	ゴロでの読み方（例）	数	ゴロでの読み方（例）
1	ひと(つ)・ひど・ひ・び・い(ん)・いち・と(う)・じゅう	6	ろく・ろ(う)・ろ(ん)・む・ぶ
		7	な(ん)・なな・しち
2	に・ふ・ふた(つ)・つ・じ	8	はち・は(ん)・わ・ば・ぱ・や
3	さ(ん)・ざ(ん)・み(つ)	9	く・ぐ・きゅう・ここ(のつ)
4	し・じ・よ(ん)	0	れ(い)・お(う)・を・わ[は]・ま(る)・の
5	ご(う)・こ(う)・いつ・い	10	と(う)・ど・とお・じゅう

※赤文字の読み方は本書独特なので要注意。

3 復習・定着用「ゴロ音声」付き

ゴロ合わせについては，拙著「日本史一問一答」の音声収録などで実績のある「朗読むすめ※2」にお願いして，すべての音声データを新規収録しました。また，私自身、音声収録の監修を行ない，「どうすれば覚えやすい朗読になるか」をとことん追求しました。そのため，日本史学習に関する音声としては，日本最高峰のクオリティーに仕上がっていると思います。覚えやすく飽きずに何度も聞くことができるよう，あらゆる工夫を注ぎ込んでいますので，復習・定着用の音声としてぜひご活用ください。

※1　講師生活30周年記念，受験生応援ソング「君の夢を」（作詞：金谷俊一郎）をYouTubeで公開中！
※2　朗読むすめ…オーディションで選ばれた，歴史系・教育系に特化した朗読ユニット。ミュージカル女優，声優，アイドル，アナウンサー，ラジオパーソナリティー，国立大学講師など多彩なメンバーで構成。（☞P.255）

本書の使い方

HOW TO USE

I 各部の内容・機能

本書は，主な**歴史事項**を**年代順**に並べ，前後の事項との関連を**矢印**で表した，全く新しい日本史の参考書です。各部の内容・機能を理解し，無駄なく効率的に学習を進めていきましょう。

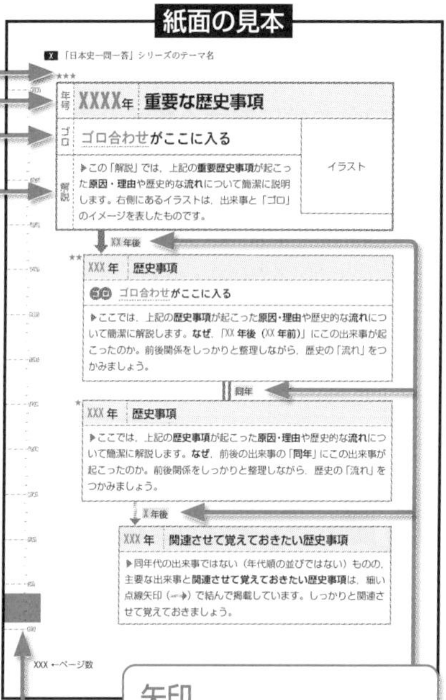

紙面の見本

X 「日本史一問一答」シリーズのテーマ名

★★★

年号 XXXX年 重要な歴史事項

ゴロ ゴロ合わせがここに入る

解説 ▶この「解説」では，上記の**重要歴史事項**が起こった**原因・理由**や歴史的な**流れ**について簡潔に説明します。右側にあるイラストは，出来事と「ゴロ」のイメージを表したものです。

イラスト

XX年後

★★ XXX年 歴史事項

ゴロ ゴロ合わせがここに入る

▶ここでは，上記の**歴史事項**が起こった**原因・理由**や歴史的な**流れ**について簡潔に解説します。**なぜ**，「XX**年後**（XX**年前**）」にこの出来事が起こったのか。前後関係をしっかりと整理しながら，歴史の「流れ」をつかみましょう。

同年

★ XXX年 歴史事項

▶ここでは，上記の**歴史事項**が起こった**原因・理由**や歴史的な**流れ**について簡潔に解説します。**なぜ**，前後の出来事の「**同年**」にこの出来事が起こったのか。前後関係をしっかりと整理しながら，歴史の「流れ」をつかみましょう。

X年後

XXX年 関連させて覚えておきたい歴史事項

▶同年代の出来事ではない（年代順の並びではない）ものの，主要な出来事と**関連させて覚えておきたい歴史事項**は，細い点線矢印（⇢）で結んで掲載しています。しっかりと関連させて覚えておきましょう。

XXX ←ページ数

頻出度

▶大学入試において「年代」や「時期」が問われる頻度です。

★★★＝共通テストレベル

★★＝一般私大レベル

★＝難関私大レベル

星無し＝マニアレベル

年代・出来事

▶歴史事項を年代順に並べ，前後の事項との関連を矢印で表しています。※重要な歴史事項は太枠で大きく表示。

ゴロ合わせ

▶覚えやすいだけでなく歴史的事実にも即したゴロ合わせを追求しました。著者オリジナルの書き下ろしゴロです。

解説

▶その歴史事項が起こった原因・理由や歴史の流れなどについて解説しています。特に「原因・理由」の解説が主である場合は，冒頭（▶の左側）に なぜ？ 印が付きます。

年代メモリ

▶各見開き頁が位置する年代の範囲を表しています。

矢印

➡：「原因➡結果」のように，因果関係が強い出来事

＝：「同年」に起こった，合わせて覚えておきたい出来事

⇢：（年代順の並びではないが）関連させて覚えておきたい出来事

本書の学習方法

本書に掲載された歴史事項には，**重要な歴史事項**（スタート年代）とそれ以外の一般的な**歴史事項**の2種類があります。スタート年代とは，その年代を出発点に関連事項がいくつかある年代のことです。重要な歴史事項（スタート年代）は太枠で大きく表示し，必ずゴロ合わせとイラストがついています。

1 重要な歴史事項の年代を覚える

まずはイラストのついた**重要な歴史事項**の年代（＝スタート年代）を赤シートで隠し，「〜年」と口に出して言えるかどうか確認しましょう。言えなくても心配する必要はありません。解説に進みましょう。解説一般的な用語の解説ではなく，「**なぜ，この年にこの出来事が起こったのか**」に重点を置いた解説です。この解説を読んで，年代を頭に刻み込みましょう。このとき，ゴロ合わせも参考にするとさらに覚えやすくなるでしょう。

2 矢印をたどっていく学習をする

次に「矢印をたどっていく」という学習をしましょう。矢印の先には関連事項の年代が記されています。その解説には，「どうして翌年なのか」「どうして2年前なのか」などといったことが記されています。解説を読みながら，それぞれの出来事の関連性や因果関係を理解していってください。**関連性を理解することが，年代を暗記することよりもずっと重要**です。

歴史事項の中には，前後に矢印が記されていない，独立しているものもあります。これらの年代については，まずは前後の年代を確認しながら「どの時期にあるものか」を理解してください。そして，解説やゴロ合わせを読み，年代を頭に入れていくとよいでしょう。

3 音声を聞きながら復習する

本書の目次や扉頁には，時代ごとにゴロ音声が再生できるQRコードが印刷されています。スマホカメラでコードを読み取ると音声が再生されます（各歴史事項の年代→出来事→ゴロが1回ずつ読み上げられます）ので，随時音声を聞きながら復習しましょう。本だけ読むよりもはるかに楽しく速く，日本史の「なぜ」と「流れ」が身につくでしょう。

目次

CONTENTS

スマホのカメラで「QR コード」を読み取ると，各時代の「ゴロ」の音声が再生されます。
音声は，ゴロのある出来事について「年代→出来事→ゴロ」の順に1回ずつ読まれます。

Ⅶ 室町時代

P.72

1336 — 1573
（14世紀中頃～16世紀後半）

ゴロ音声▶

近世

年表 ☞ P.92

Ⅷ 安土桃山時代

P.94

1573 — 1600
（16世紀後半～16世紀末）

ゴロ音声▶

Ⅸ 江戸時代

P.104

1600 — 1867
（16世紀末～19世紀後半）

ゴロ音声▶

近代・現代

年表 ☞ P.132

Ⅹ 明治時代

P.145

1868 — 1912
（19世紀後半～20世紀初頭）

ゴロ音声▶

Ⅺ 大正時代

P.182

1912 — 1926
（20世紀初頭～20世紀前半）

ゴロ音声▶

Ⅻ 昭和時代

（戦前）P.196
（戦後）P.217

1926 — 1939
（20世紀前半～20世紀末）

ゴロ音声▶

⬆戦前　⬆戦後

第1部

原始・古代

PRIMITIVE AGES & ANCIENT TIMES

I 原始時代

B.C.30000 — A.D.3C

II 古墳時代

The late 3C — 7C

◀ゴロ音声

III 飛鳥時代

592 — 710

◀ゴロ音声

IV 奈良時代

710 — 794

◀ゴロ音声

V 平安時代

794 — 1185

◀ゴロ音声

スマホのカメラでこのコードを読み取ると，各時代の「ゴロ」の音声が再生されます。

※原始時代の音声は1つしかないため，古墳時代と合同にしています。

【古代】日本史年表（1〜12世紀：西暦57〜1185年）

時代	年代	出来事
▼古墳時代	BC108	楽浪郡を設置
	57	**倭の奴国，光武帝より印綬を賜る**
	107	倭国王帥升，生口160人を献上
	313	楽浪郡の滅亡
	391	倭が高句麗と戦う
	414	好太王碑の建立
	471	**稲荷山古墳出土鉄剣銘**
	478	**倭王武が安東大将軍の称号を得る**
	512	任那四県百済割譲
	527	**磐井の乱**
	538	**仏教の伝来**
	540	大伴金村失脚
	552	仏教の伝来（『日本書紀』）
	562	**任那が滅ぶ**
	587	**物部守屋が滅ぶ**
	588	飛鳥寺の建立開始
	589	隋の建国
	592	崇峻天皇暗殺
▼飛鳥時代	〃	推古天皇即位
	593	**厩戸王を皇太子に**
	〃	四天王寺の建立
	603	**冠位十二階**
	604	**憲法十七条**
	607	**遣隋使派遣**
	〃	法隆寺建立
	608	遣隋使で留学生が派遣される
	618	唐の建国
	630	**最初の遣唐使**
	643	山背大兄王が滅ぼされる
	645	**乙巳の変**
	646	**改新の詔**
	647	渟足柵
	648	磐舟柵
	658	阿倍比羅夫が粛慎を制圧
	660	百済滅亡
	663	**白村江の戦い**
	664	対馬・壱岐・筑紫に防人と烽をおく
	668	高句麗の滅亡

時代	年代	出来事
	670	庚午年籍の作成
	670	若草伽藍炎上
	671	天智天皇の死
	676	新羅の朝鮮半島統一
	〃	**壬申の乱**
	673	天武天皇が飛鳥浄御原宮で即位する
	684	**八色の姓を制定**
	689	飛鳥浄御原令の施行
	690	庚寅年籍の作成
	694	**藤原京に遷都**
	701	**大宝律令の制定**
	702	大宝律令の施行
	〃	遣唐使の再開
	708	**和同開珎の鋳造**
▼奈良時代	710	**平城京遷都**
	711	蓄銭叙位令
	712	『古事記』の編纂
	713	**『風土記』の編纂**
	718	養老律令制定
	720	藤原不比等の死
	〃	**『日本書紀』の編纂**
	722	百万町歩開墾計画
	723	**三世一身法**
	729	**長屋王の変**
	〃	光明子，皇后に
	737	藤原四子の死
	740	**藤原広嗣の乱**
	〃	恭仁京遷都
	741	国分寺建立の詔
	743	大仏造立の詔
	〃	墾田永年私財法
	745	平城京に復都
	752	**大仏開眼供養**
	757	**橘奈良麻呂の変**
	〃	養老律令施行
	764	**恵美押勝の乱**
	769	宇佐八幡宮神託事件
	770	称徳天皇の死，道鏡の左遷

⬇**黒太字**＝本文内にて「太枠」で大きく表示された重要事項

▼平安時代

年代	出来事
784	**長岡京遷都**
794	**平安京遷都**
802	**鎮守府を胆沢城に移す**
803	志波城を築く
804	最澄・空海の入唐
805	徳政相論を行ない，蝦夷の平定と平安京造営を中止
805	最澄，天台宗を開く
806	空海，真言宗を開く
810	**蔵人頭設置**
〃	平城太上天皇の変
〃	藤原薬子・藤原仲成の死
820	弘仁格式
842	**承和の変**
858	**藤原良房，実質的に摂政となる**
〃	清和天皇即位する
866	**応天門の変**
884	**藤原基経，実質的に関白となる**
〃	光孝天皇の即位
887	宇多天皇の即位
888	阿衡の紛議
894	**遣唐使派遣の中止**
901	延喜元年
〃	『日本三代実録』が編まれる
〃	昌泰の変で菅原道真が左遷される
902	**延喜の荘園整理令**
903	菅原道真の死
905	**『古今和歌集』の成立**
907	唐の滅亡
914	三善清行の意見封事十二箇条が出される
927	延喜格式が出される
935	平国香，平将門に殺される
939	**平将門の乱・藤原純友の乱**
940	平将門の乱鎮圧
941	藤原純友の乱鎮圧
967	村上天皇の死
969	**安和の変**

年代	出来事
985	『往生要集』完成
988	**尾張国郡司百姓等解文が出される**
989	藤原元命，解任される
1016	藤原道長，摂政となる
1017	藤原道長太政大臣，藤原頼通摂政となる
1018	藤原道長が威子を皇后に立てる（一家三立后）
1019	**刀伊の入寇**
1028	**平忠常の乱**
1045	寛徳の荘園整理令
1051	**前九年合戦が始まる**
1052	**末法元年**
1053	**平等院鳳凰堂の建立**
1069	**延久の荘園整理令**
1083	**後三年合戦が始まる**
1086	**院政の開始**
1156	鳥羽上皇の死
〃	**保元の乱**
1159	**平治の乱**
1167	平清盛，太政大臣に
1177	鹿ヶ谷の陰謀
1179	**後白河法皇，鳥羽殿に幽閉される**
1180	安徳天皇即位
〃	**治承・寿永の乱**
〃	以仁王，平氏打倒の令旨を出す
〃	源頼朝・源義仲らが挙兵する
〃	侍所の設置
〃	福原京遷都
〃	平重衡，南都焼討ち
1181	平清盛の死
〃	**養和の大飢饉**
1183	源義仲の入京・平氏の都落ち
〃	寿永二年十月宣旨
1184	公文所・問注所の設置
1185	**壇の浦の戦いで平氏が滅ぶ**
〃	安徳天皇の死

この年表の「なぜ」と「流れ」を本編で覚えましょう➡

【原始・古墳時代】

1～5世紀

★★★

年号	57年	倭の奴国，光武帝より印綬を賜る

ゴロ　金印もらったの？ い～な～（5 7）

解説　▶1世紀になると倭のクニの中に中国の王に認められるほど力を持った王が誕生します。ですからこれは，2ケタの年号である**57**年となります。『**後漢書**』**東夷伝**には，倭にあった**奴国**という小国が，後漢の**光武帝**という皇帝から**印綬**を授かったと記されています。

↓ **50**年後

★

107年	倭国王帥升，生口160人を献上

▶印綬を授けられた**50年後**，倭にはさらに強い王が登場します。**帥升**という倭国王が**生口**（＝奴隷）を**160人**も献上したと『後漢書』東夷伝には記されています。

↓ 107を「＋1」して，紀元前（BC）にする

BC108年	楽浪郡を設置

▶『漢書』地理志には紀元前一世紀，倭国の中に**楽浪郡**に使いを定期的に送る者がいたと記されています。楽浪郡は，『漢書』地理志に記されている紀元前一世紀よりも少し前に設置されました。楽浪郡とは朝鮮半島にあった中国の植民地で，現在の平壌付近にあたります。

＊各頁の上端にある黒四角の番号・文字列は，金谷先生の著書「日本史一問一答」シリーズに共通するテーマ番号・タイトルです。各頁にある出来事が属するテーマを表示しています。シリーズとの対応関係を参照する際などにご活用ください。ただし，本書は様々なテーマの出来事を原則「年代順」に並べているため，各頁上端のテーマと出来事に齟齬が発生している場合もあります。おおよその「目安」としてご参照ください。

年号	313年	楽浪郡の滅亡
ゴロ	313(再三)行(い)った 楽浪滅ぶ	
解説	▶**楽浪郡**が滅ぶのは中国と朝鮮が激動の時期を迎えた4世紀です。楽浪郡のあった地域は高句麗の一部となります。	

★

391年 倭が高句麗(こうくり)と戦う

ゴロ 作戦(39) 一(1)気に 朝鮮出兵

▶好太王碑建立直前の4世紀末，**高句麗**が鉄資源を求めて朝鮮半島を南下すると，倭（**ヤマト政権**）は百済(くだら)や加羅(から)と共に高句麗と戦います。このことは好太王碑に記されています。

313年の3をそれぞれ「＋1」して

414年 好太王碑の建立

▶**好太王碑**(こうたいおうひ)は楽浪郡が滅んだ**101年後**に建てられます。好太王碑は，高句麗の王である好太王の偉業を記した石碑で，好太王の子の長寿王(ちょうじゅおう)が建立しました。そこに刻まれた碑文は当時の朝鮮半島の情勢を知るための貴重な史料になっており，好太王碑の碑文に記されている内容が上記の年号です。高さ6.4m。4面に約1800字が刻まれています。

★★

年号 471年 稲荷山古墳出土鉄剣銘

ゴロ 471 竹刀じゃないよ 鉄剣さ

解説 ▶ヤマト政権が各地に支配を拡大していくのは**5世紀**なので，稲荷山古墳出土鉄剣銘に記された年号も5世紀となります。**稲荷山古墳**は埼玉県にある古墳です。この古墳から出土された**鉄剣**には，自分が「獲加多支鹵大王に仕えた人物である」ということが誇らしく書いてあります。「**獲加多支鹵大王**」は，5世紀に中国に朝貢した倭の五王のうちの一人である「武」ではないかといわれており，剣には「辛亥（＝471年）」と記されています。当時，鉄は貴重品でした。ヤマト政権に従っていないとなかなか手に入らないものだったでしょう。ですから，年号のゴロでは木刀（竹刀）ではないよということを強調しました。

↓ 7年後

★★

年号 478年 倭王武が安東大将軍の称号を得る

ゴロ 47 至難の末 8 バッチリ称号 もらえたよ

解説 なぜ？ ▶稲荷山古墳出土鉄剣銘の7**年後**，倭王武は安東大将軍の称号を得ます。倭の五王は5世紀，中国に積極的に朝貢を行ないました。倭の五王の一人である武は，478年，**南朝**の**宋**の**順帝**に上表し，「六国諸軍事**安東大将軍**倭国王」の称号を得ました。

当時，朝鮮半島南部には豊富な鉄資源がありました。倭は朝鮮半島南部における立場を有利にして鉄資源を確保するため，中国のバックアップを得ていたのです。このことを記した中国の歴史書『宋書』倭国伝には「順帝の昇明二年（＝478）年」と記されています。

6世紀

★

512年 任那四県百済割譲

ゴロ 大伴氏 強引に 任那を割譲

なぜ? ▶6世紀初頭，朝廷内部で力を持ったのが大伴氏です。**任那**の西半分を**百済**に割譲してしまったのです。朝鮮半島の日本における影響力が弱まった原因となりました。これを行なったのは継体天皇を擁立することで絶大な権力を持った豪族の**大伴金村**です。大伴金村はこれによって多額の賄賂を手に入れたと言われています。

➡**50年後**（562年），**任那が滅ぶ** （☞P.18）

↓ 15年後

★★

年号 527年 磐井の乱

ゴロ いつにない 強気の背景 新羅のバック

解説 ▶筑紫の国造であった**筑紫国造磐井**は，日本と敵対関係にあった**新羅**と手を組んで，反乱を起こします。日本が新羅征討のため，6万人の派兵をしようとするのを阻止します。本来ならば大伴氏がこの反乱を鎮圧しなければいけないところですが，実際に鎮圧したのは**物部麁鹿火**でした。その結果，物部氏や蘇我氏の力が強くなっていきました。

➡**60年後**（587年），**物部氏が滅ぶ** （☞P.18）

↓ 11年後

★★

年号 538年 仏教の伝来

ゴロ 仏像・経典 ご参拝

解説 ▶磐井の乱の**11年後**，**仏教伝来**を機に**蘇我氏**や**物部氏**が権力を持ちます。**仏教**は**欽明**天皇のときに**百済国**の**聖明王**から伝えられました。『**上宮聖徳法王帝説**』や『元興寺縁起』にはいずれも「戊午（＝538年）」に伝わったと記されています。

↓ 2年後

540年 大伴金村失脚

▶仏教伝来の**2年後**，大伴氏は物部氏と蘇我氏に追われるように失脚します。蘇我氏と物部氏が力を持つにしたがって，大伴金村が力を失い最終的に失脚にまで追い込まれたと考えることができます。

★

552年 仏教の伝来（『日本書紀』）

ゴロ これ以後に（552） 仏教日本に 広まるよ

▶仏教の伝来は**日本書紀**にはなぜか「壬申（＝552年）」と記されています。その500年後の1052年は末法元年です。末法とは，仏教の開祖である釈迦が亡くなってから2000年後の年。つまり，552年は釈迦が亡くなってから1000年目になります。この記念すべき年に日本に仏教が伝わったと『日本書紀』は伝えたかったのかもしれません。

↓ 10年後

★★

年号 562年 任那が滅ぶ

ゴロ 大伴失脚した頃に（562） 任那が滅ぶ

解説 ▶任那4県が百済に割譲された（☞P.17）**50年後**に任那は滅びます。任那とは，朝鮮半島南部にあった，日本が勢力を及ぼしていた地域のことです。5世紀の倭の五王の時代は武力の強い王がこの地域を確保していましたが，6世紀になって朝鮮半島の影響力は少なくなっていきます。

★

年号 587年 物部守屋が滅ぶ

ゴロ 嫌な（587）馬子が 台頭す

解説 ▶磐井の乱の**60年後**，**物部守屋**をヤマト政権の大豪族である**蘇我馬子**らが滅ぼします。伝統や在来の信仰を重んじ，仏教に反対する物部氏を倒しました。**厩戸王（聖徳太子）**は四天王に勝利を祈って勝利したため，自らが権力を持つと早速，摂津（大阪府）に四天王寺を建立しました。

↓ 1年後

588年　飛鳥寺(あすかでら)の建立開始

なぜ？ ▶物部氏が滅ぶと早速蘇我氏は仏教の拡大に努めます。その象徴となるのが飛鳥寺です。蘇我氏は物部氏を滅ぼした**1年後**に飛鳥寺の建立を開始します。飛鳥寺は蘇我氏の氏寺(うじでら)で，日本最古の本格的な仏教寺院です。

1年後

★589年　隋(ずい)の建国

▶偶然ですが飛鳥寺が建立された**1年後**，中国では隋が建国します。日本と朝鮮と中国は，同時期に動乱が起こる傾向にあります。日本では，物部氏が滅んで新しい時代になったとき，中国大陸では南北朝時代が終わり，**隋**が建国されます。

5年後

592年　崇峻天皇(すしゅんてんのう)暗殺

なぜ？ ▶587年，蘇我馬子が物部守屋を滅ぼして擁立した天皇が**崇峻天皇**です。しかし崇峻天皇は蘇我馬子の思い通りにならなかったため，**5年後**に蘇我馬子は家臣である東漢直駒(やまとのあやのあたえこま)を使って暗殺したのです。

同年

592年　推古天皇(すいこてんのう)即位

▶厩戸王が皇太子になる前年，**推古天皇**が即位します。推古天皇は日本で最初の女性の天皇です。推古天皇の父は欽明天皇で，厩戸王の父親である用明天皇の妹にあたります。つまり，厩戸王から見ると叔母ということになります。

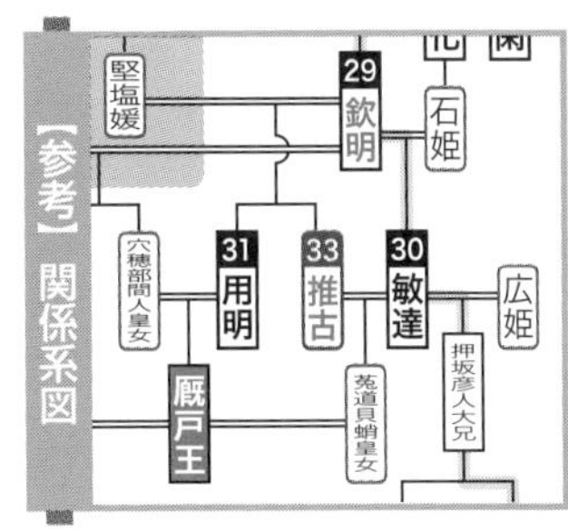

【飛鳥時代】

★★

年号	593年	厩戸王を皇太子に
ゴロ	593 国民に 愛され続ける 厩戸王	

解説

▶**厩戸王（聖徳太子）**に関する年号は，この593年からすべて始めると頭に入りやすいです。『日本書紀』には推古天皇の皇太子になったと記されています。

➡**1年前**（592年），**崇峻天皇暗殺**（☞P.19）

➡**1年前**（592年），**推古天皇即位**（☞P.19）

同年

593年　四天王寺の建立

なぜ？ ▶厩戸王は，587年に蘇我馬子と共に物部守屋を倒す際，四天王に祈りを捧げて勝利を導きました。その結果，厩戸王は，皇太子にまでなった訳ですから，四天王に対する感謝の気持ちとして皇太子になった年に**四天王寺**を建立したのです。

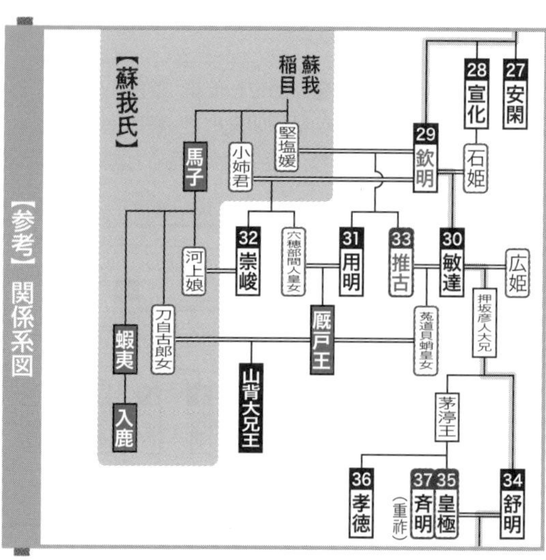

7世紀

★★

10年後

年号	603年	冠位十二階
ゴロ	あれは冠位をもらった人の群れさ（603）	
解説	なぜ？▶厩戸王の最初の10年間の仕事は，朝鮮半島における勢力回復でした。しかしそれはうまくいきませんでした。そこで，**10年後**から国内政治に舵をとり始めるわけです。**冠位十二階**とは氏族（一族）に対してではなく，個人の才能や功績に対して**冠位**を与える制度でした。	

1年後

★★

年号	604年	憲法十七条
ゴロ	労を惜しまず 国家に尽くせ（604）	
解説	▶厩戸王は，冠位十二階を定めて，**1年後**に**憲法十七条**を制定します。これは現在の憲法といったものではなく，天皇への服従，衆議尊重など，国家の官僚に向けた道徳的訓戒が盛り込まれていました。また内容は仏教理念にもとづいて作られたものであり，仏教を新しい政治理念として重んじるべきであるという主張が現れています。	

3年後

★★

年号	607年	遣隋使派遣
ゴロ	無礼な国書も 計算尽く（607）	
解説	▶そして国内の政治体制を整えた**3年後**に**小野妹子**を**遣隋使**として派遣します。その際に隋の**煬帝**に送った国書では，中国に臣従しない態度を表明したのです。煬帝は怒りましたが，高句麗との関係悪化を懸念して，**1年後**遣隋使を受け入れるという姿勢を示しました。	

1年後　　同年

★

607年　法隆寺建立

ゴロ　群れをなして 法隆寺！（6 0 7）

▶自らが皇太子として権力の座に就いたときに四天王寺，国内の政治体制を整え海外に我が国の態度を示した年に**法隆寺**を建立するのです。

607年の0と7を入れかえる

★

670年　若草伽藍炎上

▶創建当時の**法隆寺(若草伽藍)**が炎上した年です。現在の法隆寺は創建当時のものではなく，炎上後に再建されたのです。

1年後

★

608年　遣隋使で留学生が派遣される

▶小野妹子が煬帝に会った1**年後**，最初の留学生が派遣されます。大化の改新で国博士となった**高向玄理**・**僧旻**，そして**南淵請安**です。律令国家の建設に重要な役割を担いました。

10年後

★

618年　唐の建国

▶偶然ですが最初の留学生が派遣された10**年後**に隋は滅んでしまいます。留学生はこのときに隋の衰退と唐の繁栄を目の当たりにしたため，唐のような中央集権国家を作るべきだと考えました。

12年後

★★★

年号　630年　最初の遣唐使

ゴロ　ひろく見わたせ 唐の国（6 3 0）

解説　▶第1回の**遣唐使**は，**唐**が建国されて干支が一周した，12**年後**の630年に派遣されます。この後律令国家で作成される戸籍も6年に1度です。6の倍数は年号を押さえるときに重要なキーワードとなります。

★★

643年	山背大兄王が滅ぼされる

ゴロ 蘇我氏に 無視され 殺される

なぜ? ▶**山背大兄王**は厩戸王の子で，皇位継承の有力候補でした。しかし，当時権力をふるう**蘇我氏**の意に沿わず，蘇我氏に襲われて滅ぼされます。この滅亡で，2**年後**中大兄皇子に蘇我氏の暗殺を決断させるのです。

↓ 2年後

★★★

年号	645年	乙巳の変

ゴロ 無事故じゃ すまない 乙巳の変

解説 ▶7世紀中期の年号はこの**乙巳の変**からスタートさせていくと頭に入りやすいです。乙巳の変とは大化の改新という政治改革の中で蘇我氏を滅ぼした出来事のことです。

中大兄皇子と**中臣鎌足**らが中心となって**蘇我入鹿**を暗殺，父の**蘇我蝦夷**は自邸を焼き払って自害しました。

↓ 1年後

★★★

年号	646年	改新の詔

ゴロ むしろ翌年，詔

解説 ▶蘇我氏を滅ぼした**1年後**，大化の改新という，政治改革の基本方針を示したものが**改新の詔**です。ここには公地公民や租税制度，地方制度などが記されていますが，実際この段階でここまでの政治体制が整っていたかどうかについては疑問の残るところです。

↓ 1年後

★

647年 淳足柵

なぜ? ▶**改新の詔**を出した**1年後**，中央集権体制を確立しようとした政府は地方の支配に乗り出します。東北の開拓や蝦夷に備えるため，現在の新潟市付近に城柵が設けられました。

1年後

★

648年 磐舟柵

なぜ? ▶**淳足柵**が築かれた**1年後**，淳足柵の北方（現：新潟県北部）に**磐舟柵**が築かれます。淳足柵・磐舟柵は越後国におかれた蝦夷からの防衛拠点です。大化の改新ではまず地方の人々を国家に従わせることが先決だったため，このようなものが置かれ始めたのです。

10年後

★

658年 阿倍比羅夫が粛慎を制圧

▶そして**10年後**，**阿倍比羅夫**が当時秋田地方にいたといわれる**粛慎**と呼ぶ豪族を平定しました。阿倍比羅夫は，この戦いの功績を引っ下げて白村江の戦いに出陣しますが，大敗してしまいます。

2年後

8年後

★★

660年 百済滅亡

▶朝鮮半島で，日本と友好関係にあった**百済**の滅亡によって，朝鮮半島との足がかりがなくなることを懸念した日本は，百済復興のための百済救援軍を派遣します。その**3年後**，起こるのが**白村江の戦い**です。

3年後

5年後

★★

年号	**663年 白村江の戦い**
ゴロ	ろくろくさ（6 6 3）えない 日本軍
解説	▶百済復興のために我が国が大軍を派遣したのが**白村江の戦い**です。しかし我が国は，**唐**・**新羅**の連合軍に大敗してしまいます。

664年 対馬・壱岐・筑紫に防人と烽をおく

なぜ? ▶白村江の戦いの敗北を受けて，**1年後**に朝鮮半島からの攻撃に備えて九州北部に**防人**やのろしを上げるための設備である**烽**を，九州には水城，対馬から大和にかけて古代朝鮮式山城などを築きました。

★ 668年 高句麗の滅亡

▶唐と新羅の連合軍は，白村江の戦いの**5年後**に**高句麗**を滅ぼします。平壌は陥落し，唐により直接支配下に置かれました。その後は，唐と新羅の間で朝鮮の覇権をめぐる争いが行なわれ，676年に**新羅**が朝鮮半島を統一しました。

★★ 670年 庚午年籍の作成

ゴロ 労(6)な(7)お(0)多し 最初の戸籍

▶**庚午年籍**とは最初の全国的な**戸籍**のことです。天智天皇のときに作成されました。この戸籍は氏姓を正す根本台帳ということで永久保存が義務付けられていましたが，現在は残っていません。

1年前

671年 天智天皇の死

▶庚午年籍が完成した**1年後**，**天智天皇**は近江大津宮で亡くなりました。後継者争いは，天智天皇の息子の**大友皇子**と彼に反発した人たちが大海人皇子を担いで**壬申の乱**を起こすのです。

8年後

★ 676年 新羅の朝鮮半島統一

▶高句麗が滅んだ**8年後**に，**新羅が朝鮮半島を統一**します。百済と高句麗を滅ぼしたのは唐と新羅の連合軍でしたが，新羅は唐の勢力を朝鮮半島から追い出し朝鮮半島を統一しました。

(壬申の乱の) 1年前

★★★

年号	672年	壬申の乱
ゴロ		天智の子，ろくな逃げ方 できず死ぬ
解説		▶天智天皇の死の1年後，天智天皇の子で大友皇子と天智天皇の弟・大海人皇子の間で起こった皇位継承争いを**壬申の乱**と言います。勝利した**大海人皇子**は**飛鳥浄御原宮**で即位して天武天皇となります。

1年後

673年　天武天皇が飛鳥浄御原宮で即位する

なぜ？ ▶壬申の乱の1**年後**，天武天皇は飛鳥浄御原宮で即位しました。天武天皇は天智天皇に反発する人たちの支持を受けて壬申の乱に勝利したわけですから天智天皇の近江大津宮ではなく飛鳥浄御原宮で即位したのです。

12年後

★★

年号	684年	八色の姓を制定
ゴロ		八色の姓，いろ八しょく
解説		▶**八色の姓**は，豪族たちを皇族天皇を中心とした新しい身分秩序に編成したものです。天武天皇が即位した直後は，壬申の乱で活躍してくれた有力な豪族たちへの配慮が必要だったため，壬申の乱の12**年後**になって，ようやく制定されることになったのでした。

5年後

★★

689年　飛鳥浄御原令の施行

なぜ？▶八色の姓で新しい身分制度を確立した5**年後**，持統天皇は飛鳥浄御原令を施行します。飛鳥浄御原令は持統天皇の夫である天武天皇が制定しましたが，天武天皇が亡くなってしまったため，跡を継いだ持統天皇が施行するわけです。

★★

690年　庚寅年籍の作成

なぜ？▶**庚寅年籍**は持統天皇のときに作成された戸籍です。以降6年に1度，戸籍が作られるようになります。

戸籍は，法律が作られるとその法律にもとづいて作られます。なぜならその法律にもとづいて人々を統治しないといけないからです。ですから，天武天皇の作成した**飛鳥浄御原令**が持統天皇によって施行された1**年後**に庚寅年籍が作成されるのです。

現存最古の戸籍は，庚寅年籍が設定されてから12**年後**（702年），6の倍数のものとなります。御野国（美濃国，現在の岐阜県）加毛郡半布里戸籍で，正倉院宝物を包む紙として再利用されていた戸籍が現在も残っています。

➡20**年前**（670年），**庚午年籍の作成**（☞P.25）

➡12**年後**（702年），**現存最古の戸籍**

4年後

★★★

年号　694年　藤原京に遷都

ゴロ　向くよ（694）　南に　藤原京

解説　▶庚寅年籍を作成した4**年後**，持統天皇は藤原京に遷都します。**藤原京**は日本初の本格的な都城です。710年に平城京に遷都するまでの間の**持統天皇**・**文武天皇**・**元明天皇**の三代にわたった都でした。

平城京との違いは宮が中央にあることですが，宮が南を向いているという点は平城京や平安京と同じです。

8世紀

★★

年号	701年	大宝律令の制定
ゴロ	なおいい法典 大宝律令 (701)	
解説	▶**大宝律令**は日本の律令体制の基本法典です。**8世紀の最初の年**である文武天皇の701年に，**藤原不比等**と天武天皇の子である**刑部親王**によって作成されました。**律**は現在の刑法，**令**は現在の行政組織や租税などの規定にあたります。	

1年後

702年	大宝律令の施行
▶**大宝律令**の令は701年に，律は**1年後**に施行されました。	

同年　1年後

★

702年	遣唐使の再開
なぜ？▶**遣唐使**の再開も大宝律令制定の**1年後**です。唐の律令にならったものであるから，唐の技術や文化を積極的に吸収しようと考えて遣唐使を再開しました。このときに派遣された**粟田真人**は，唐では則天武后からその態度，知識について賞賛を受けたという文化人でした。	

★★

年号	708年	和同開珎の鋳造
ゴロ	通貨流通 なればと願い 和同開珎 (708)	
解説	▶**和同開珎**は唐の開元通宝にならって鋳造された貨幣でした。律令国家が国家プロジェクトとして鋳造した，12種類の銭貨である皇朝十二銭（本朝十二銭）の最初にあたるものです。和同開珎は銅貨と銀貨の2種類が作られました。 ➡**250年後**（958年），**乾元大宝の鋳造**	

2年前

【奈良時代】

★★★

701の0と1を入れ換える

年	710年	平城京遷都

ゴロ 7 10 南都に広がる 平城京

解説 ▶710年元明天皇の下で藤原京から**平城京**に**遷都**されました。聖武天皇のころ，一時期，都を転々としましたが桓武天皇の784年に**長岡京**に遷都するまでの間70年以上も都として栄えました。

➡**10年後**（720年），**『日本書紀』の編纂**（☞P.31）
➡**30年後**（740年），**恭仁京遷都**（☞P.33）
➡**74年後**（784年），**長岡京遷都**（☞P.35）
➡**100年後**（810年），**平城太上天皇の変**（☞P.37）

35年後

★

745年	平城京に都を戻す

▶**藤原広嗣の乱**（740年）が京内に影響することを恐れた聖武天皇は，山城国の**恭仁京**，摂津国の難波宮，近江国の**紫香楽宮**と都を転々としました。しかし結局，**5年後**に聖武天皇は平城京に都を戻します。

1年後

★★

711年	蓄銭叙位令

3年後

ゴロ 7 11 セブン イレブン 働きまくって お金を貯めよう

なぜ？ ▶和同開珎が鋳造されても，日本の国内で貨幣はなかなか普及しませんでした。米や布などが，貨幣の代わりを果たしていました。そのため貨幣の流通を促す目的で，貨幣を蓄えたものに対して，位を与えるという法令が出されたのです。このゴロは，朝の7時から夜の11時まで働きまくろうという意味です。

1年後

712年　『古事記』の編纂

ゴロ　阿礼と安麻呂，『古事記』に欠かせない二人（7 1 2）

▶**『古事記』**は，『帝紀』・『旧辞』の内容を**稗田阿礼**に誦み習わせたものを**太安万侶**に筆録させたものです。元明天皇に献上されました。神代から推古天皇までのことが記されています。

↓ 1年後

713年　『風土記』の編纂

ゴロ　現存『風土記』は 5つしかないさ（7 1 3）

解説　▶**『風土記』**が編纂されたのは『古事記』が編纂された1年後です。『風土記』は諸国の風土・風俗・産物などを記したものです。出雲・常陸・播磨・肥前・豊後の『風土記』だけが現存し，出雲国の『風土記』は完全な形で残っています。

718年　養老律令制定

ゴロ　養老律令 すぐには施行 できないや（7 1 8）

なぜ？　▶**養老律令**は藤原不比等が中心となって作った律令です。大宝律令とほぼ内容が同じという説が濃厚で，藤原不比等が自らの権力を誇示するために制定したと言われています。

➡39年後（757年），**養老律令施行**（☞P.34）

↓ 2年後

720年　藤原不比等の死

▶養老律令はもともとすぐ施行する予定でした。しかし，**藤原不比等**が**2年後**に亡くなってしまい，藤原不比等に対抗する勢力である皇族の長屋王が力を持つと養老律令は施行されず，そのままとなったのです。

★★

年号 720年 『日本書紀』の編纂

ゴロ 日本書紀，何を（720）記すの？ 国家の歴史！

解説 ▶『**日本書紀**』は律令**国家**の正式な歴史書（正史）である六国史の最初にできたものです。神代から持統天皇までのことが記されています。編者は天武天皇の子の**舎人親王**らで，**元正天皇**に献上されました。

722年 百万町歩開墾計画

なぜ？ ▶藤原不比等の死後権力を握った長屋王は土地政策に着手し，その手始めとなったものが**百万町歩開墾計画**です。口分田不足解消のため，農民に対して年間10日間開墾に使役させて良田を百万町歩開墾する計画でしたが，うまくいきませんでした。

★★

年号 723年 三世一身法

ゴロ 何（72）？ 三（3）世代だけ 土地私有？

解説 **なぜ？** ▶百万町歩開墾計画がうまくいかず，**1年後**出されたのが**三世一身法**です。開墾を奨励するため，自ら溝や池を開いて開墾したものには3世代（子，孫，曽孫との説が有力）にわたって私有を認めました。しかし期限付きの私有だったため，なかなか効果は上がりませんでした。

20年後

★★★

743年 墾田永年私財法

ゴロ 土地私有 期限はなしさ（743） 墾田永年

▶**墾田永年私財法**は，三世一身法のうちの一つです。位階による開墾制限はありますが，土地の永久私有を認めました。貴族・地方豪族は活発に動き，荘園が多数生まれました。これを**初期荘園**といいます。

年号	**729年**	**長屋王の変**
ゴロ	7 2 9 **なに食わぬ顔で 謀叛をつぶす 藤原氏**	
解説	▶藤原不比等の死後，力を持ったのは皇族の**長屋王**でした。長屋王は**藤原氏**を牽制する政治を行ないましたが，724年に**聖武天皇**が即位すると状況は長屋王にとって厳しいものとなります。なぜなら聖武天皇の母の宮子は，藤原不比等の娘だったからです。藤原不比等の4人の子は，長屋王に謀叛の罪を着せて自殺に追い込みます。	

同年

729年　光明子，皇后に

▶長屋王がいなくなったため**光明子**を**皇后**にすることに反対する人物がいなくなり，光明子は皇后となります。光明子は藤原不比等の娘でした。本来皇后は皇族でなければならないところを，藤原不比等の四人の子達が長屋王を追い落として，光明子を皇后に立てたのです。

737年　藤原四子の死

▶巷では，天然痘が大流行していました。**藤原不比等の4人の子供**がこの疫病にかかって相次いで亡くなってしまいます。これをきっかけに藤原氏の力は弱まり，皇族出身の橘諸兄が遣唐使から帰国した**吉備真備**と**玄昉**を重用して政治の実権を握りました。

3年前

★★

年号	**740年**	**藤原広嗣の乱**
ゴロ	7 4 0 **権力なし？ おれ反乱起こすからね！**	
解説	▶**藤原広嗣**は，藤原不比等の4人の子供のうち藤原宇合の子です。父の死後，大宰府に左遷させられていたため，**吉備真備**と**玄昉**の排斥を求めて反乱を起こしましたが鎮圧されてしまいました。	

同年

740年　恭仁京遷都

▶聖武天皇の従兄弟だった藤原広嗣の乱を機に，聖武天皇は乱が京内に影響することを恐れ，平城京を離れ都を転々としました。最初は山城国の**恭仁京**，次に摂津国の難波宮そして最後に近江国の**紫香楽宮**に遷都しました。しかし**5年後**に聖武天皇は平城京に戻ります。

1年後

741年　国分寺建立の 詔

なぜ？ ▶藤原広嗣の乱をきっかけに聖武天皇は**鎮護国家**思想に傾倒していくようになります。聖武天皇がまず行なったのは国ごとに，**国分寺**と国分尼寺を設置することです。この詔は**1年後**に出されました。

2年後

★★★

743年　大仏造立の 詔

3年後

▶藤原広嗣の乱の**3年後**，聖武天皇は**大仏造立の詔**を出します。この詔は近江の紫香楽宮で出され，大仏は最初紫香楽宮で作られましたが，聖武天皇が平城京に都を戻したため平城京で完成することとなりました。**同年**には墾田永年私財法が出されましたが，大仏造立に多くの人々に協力してもらうために出されたとも考えられています。

9年後

★★

年号 **752年　大仏開眼供養**

ゴロ **難工事（752）の末，大仏完成！**

解説 ▶大仏造立の詔が出された**9年後**に大仏は完成します。「苦難したので，9年後」と覚えておくとよいでしょう。

5年後

★

年号 757年 橘奈良麻呂の変

ゴロ 奈良麻呂 意外と力がないな（757）

解説 なぜ？ ▶**橘奈良麻呂**は，聖武天皇のもとで力を持っていた橘諸兄の子です。光明皇太后の下で**藤原仲麻呂**が力を持つと，藤原仲麻呂を倒そうとしましたが，逆に倒され亡くなってしまいました。

同年

★

757年 養老律令施行

ゴロ 施行ないな（757）と思っていたらやっと施行

なぜ？ ▶橘奈良麻呂を倒して権力を握った藤原仲麻呂は，**同年**祖父が施行出来なかった**養老律令**を施行します。

➡ **39年前**（718年），**養老律令制定**（☞P.30）

7年後（下一桁の7をとって7年後と覚える）

★

年号 764年 恵美押勝の乱

ゴロ 「なー無視（764）するな」と押勝の乱

解説 なぜ？ ▶光明皇太后の死後，**孝謙太上天皇**は僧侶の**道鏡**を重用するようになります。そこで，道鏡の排斥を企てた**恵美押勝**（藤原仲麻呂）は反乱を起こします。しかし，反乱は失敗し恵美押勝は敗死。恵美押勝が擁立していた**淳仁天皇**は淡路に流されてしまいます。

5年後

★

769年	宇佐八幡宮神託事件

ゴロ ななめ向く 皇位の継承 ありえない

▶孝謙太上天皇は再び皇位に就き，称徳天皇となります。「道鏡を天位に即しめば天下太平ならん」と宇佐八幡の神託の奏上がありました。**和気清麻呂**が確認すると，これは謀であるということが見破られました。

↓ 1年後

770年	称徳天皇の死，道鏡の左遷

▶**宇佐八幡宮神託事件**の**1年後**，**称徳天皇**はなくなり**道鏡**は**下野薬師寺**に左遷させられてしまいます。

8世紀【平安時代】

★★★

年号	784年	長岡京遷都

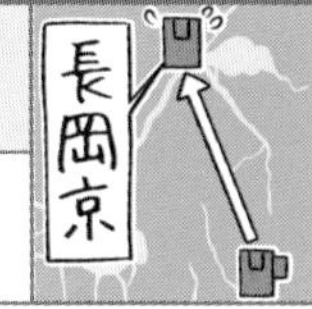

ゴロ 名は良き都，長岡京

解説 ▶平安京遷都の**10年前**，**桓武天皇**は山城国の**長岡京**に遷都しました。しかし，長岡京遷都に反対する人々の動きは強く，長岡京造営の中心人物であった**藤原種継**が暗殺される事件などが起こります。その結果，**10年後**桓武天皇は平安京に都を移すことを決めるのです。

↑ 10年前

【平安時代】

★★★

年号	794年	平安京遷都

ゴロ 寺院勢力 なくしました

解説 **なぜ?** ▶道鏡の台頭などを受け，桓武天皇は寺院勢力の影響をなくすため平城京から山城国へ遷都しました。**平安京遷都**を建議した人物は和気清麻呂です。宇佐八幡宮神託事件で道鏡が皇位に就くことを阻止した人物でもあります。またこのとき，国名を山背国から**山城国**に変えました。

9世紀

★★

802年 鎮守府を胆沢城に移す

ゴロ 8 0 2
東北平定，日本晴れに

解説 ▶桓武天皇の2大政策は平安京の造営と蝦夷の平定でした。桓武天皇は**坂上田村麻呂**を**征夷大将軍**に任命して蝦夷の平定に当たらせていました。

坂上田村麻呂は北上川流域に**胆沢城**を築き，蝦夷の族長であった阿弖流為を帰順させ，**鎮守府**を多賀城から胆沢城に移しました。

1年後

803年 志波城を築く

▶**志波城**は，東北平定のための前線基地として，胆沢城が築かれた**1年後**に北上川上流に築かれました。

804年 最澄・空海の入唐

ゴロ 8 0 4
唐に渡るのだから晴れよ

▶平安京に遷都の際，桓武天皇は南都の大寺院の移転をさせませんでしたが，その一方で**最澄**や**空海**（右上図）らによる新しい仏教を支持したのです。最澄は**天台宗**，空海は**真言宗**を開きました。

3年後

805年 徳政相論を行ない，蝦夷の平定と平安京造営を中止

なぜ？ ▶**蝦夷の平定**と**平安京の造営**は，国家財政や民衆の負担を大きく強いるものでした。そこで桓武天皇は議論を開かせ，藤原緒嗣の意見を採用し，蝦夷の平定と平安京の造営を**中止**しました。蝦夷の平定については，坂上田村麻呂が胆沢城を築いたこともあり一段落しました。

805年　最澄，天台宗を開く

1年後

▶**最澄**は，桓武天皇の命で新しい仏教について学んでくるために唐に渡りました。唐で天台・密教・禅・戒を学ぶと，最澄は**1年後**に帰ってきてすぐに**天台宗**を開いたのです。

↓ 1年後

806年　空海，真言宗を開く

2年後

▶それに対して**空海**は，当初20年の長期留学生として唐に渡っていました。しかし空海は短期間で**密教**を学び，唐で学べることは学び尽くしたと考え，わずか2年間で日本に戻ってきて**真言宗**を開いたのです。

★★

年号　810年　蔵人頭設置

ゴロ　**藤原氏，政権中枢入れ～**（810）

解説　▶**蔵人頭**は，天皇の命令を速やかに太政官組織に伝えるために設置された秘書官の官長のことです。藤原冬嗣が就任することにより，藤原北家の力が強くなってきます。

‖ 同年

810年　平城太上天皇の変

なぜ？ ▶蔵人頭が設置されるきっかけは，**同じ年**に起こった**平城太上天皇の変**です。平城京への復都を主張した平城太上天皇は嵯峨天皇と対立して，自らも政治を行なう「二所朝廷」と呼ばれる政治の混乱を起こしました。そのため蔵人頭が設置されたのです。

‖ 同年

810年　藤原薬子・藤原仲成の死

▶平城太上天皇の変の首謀者は，平城太上天皇の寵愛を受けていた**藤原薬子**とその兄の**仲成**でした。平城太上天皇の変の失敗に伴い，**同年**2人は死んでしまいます。

↓ 
10年後

★

820年　弘仁格式

▶蔵人頭を設置し，中央の政治体制を整えた**嵯峨天皇**は10**年後**に**弘仁格式**をまとめます。律令制定後，社会の変化などに応じて出された法令を分類･編集したものです。律令の規定を補足修正するのが**格**で，律令を施工する際の細かい取り決めが**式**です。

★★

年号　842年　承和の変

ゴロ　伴と橘，はしに追いやる

解説　なぜ？ ▶**藤原冬嗣**が蔵人頭になったことをきっかけに，藤原北家の力は強くなりますが，当時の藤原氏にとって最大のライバルであったのは旧来からの豪族出身の**伴氏**と**橘氏**でした。そこで藤原冬嗣の子の**藤原良房**は，**伴健岑**と**橘逸勢**を退けました。

★★

年号　858年　藤原良房，実質的に摂政となる

ゴロ　天皇は 良房言うこと はいはいと聞く

解説　▶藤原良房はついに自分の孫を天皇に立てることに成功します。**清和天皇**です。しかも清和天皇はまだ9歳でした。そこで自らが祖父という立場で，政権を代行し始めました。これを**摂政**といいます。当時は貴族や皇族の子弟は母方の家で養育されていたので，このようなことが可能だったのです。

同年

858年　清和天皇即位する

▶藤原良房が摂政になったきっかけは，9歳の清和天皇が即位したからです。ですから，藤原良房が実質的に摂政となったのと**同じ年**となるわけです。

★★

866年 応天門の変

ゴロ 放火やろー，ろくでもない

解説 ▶大納言の**伴善男**が**応天門**に放火した事件です。伴善男はその罪を左大臣 **源 信**に負わせようとしましたが，罪を被せることに失敗してしまいました。この結果，旧来からの豪族出身の伴氏が没落することとなり，藤原氏の勢力は拡大していくこととなります。

884年 光孝天皇の即位

▶当時太政大臣であった**藤原基経**が**陽成天皇**を譲位させると，基経は次の天皇に適任だと判断した**光孝天皇**を即位させます。

同年

★

884年 藤原基経，実質的に関白に

ゴロ パパよ，オレは関白だ！

解説 なぜ？ ▶**藤原良房**の養子である**藤原基経**は，**関白**となります。藤原基経は陽成天皇を譲位させ，当時高齢であった光孝天皇を即位させました。光孝天皇は，基経に報いる意味で基経を関白にしたのです。

3年後

887年 宇多天皇の即位

▶光孝天皇が即位した**3年後**，**宇多天皇**が即位します。宇多天皇は光孝天皇の子です。藤原基経を関白にしましたが，藤原基経が亡くなった後は，摂政・関白を置かない天皇親政を行ないました。

1年前

★

888年　阿衡の紛議

ゴロ　ハハハと言って勅書を撤回

なぜ？▶光孝天皇の次に即位するのは子の**宇多天皇**(右上図)でした。宇多天皇の勅書には「基経を**阿衡**に任じる」と書いてあったので，これに不満を持った基経は一切の政治を行ないませんでした。そのため，この勅書は**1年後**に撤回され，関白の地位が確立したのです。

★★★

年号　894年　遣唐使派遣の中止

ゴロ　白紙に戻す 遣唐使

解説　**なぜ？**▶宇多天皇は天皇親政を行なうため学者の**菅原道真**を登用しました。894年に菅原道真が**遣唐使**に任ぜられると，道真は，唐はすでに衰退しており航路も安全ではなかったことから，多くの危険を冒してまで遣唐使を派遣する必要はないと提案しました。そのため遣唐使の派遣は中止されたのです。

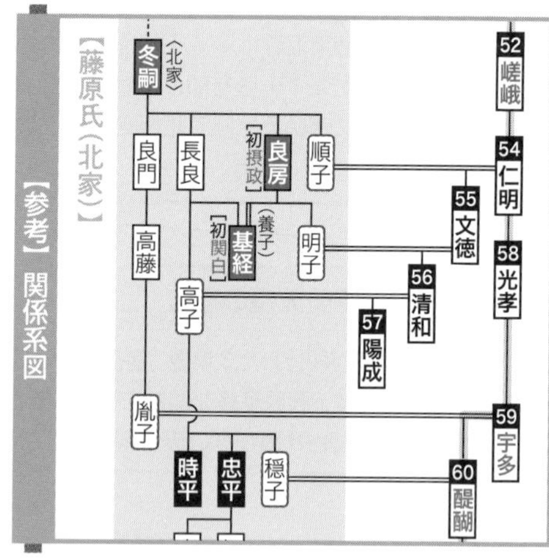

10世紀

901年　延喜元年

▶**延喜**元年は10世紀の始まりと共に始まります。902年は延喜2年，914年は延喜14年となります。

同年

901年　『日本三代実録』が編まれる

▶『**日本三代実録**』は六国史の最後となる歴史書です。延喜の治の始まりと共に編まれたわけで，**醍醐天皇**の意気込みが感じられますが，結局は律令国家が編纂する歴史書の最後となってしまいます。

同年

★ **901年　昌泰の変で菅原道真が左遷される**

ゴロ　苦(9)を(0)一(1)人で背負う道真

▶帝が醍醐天皇に変わると，藤原時平は菅原道真を策謀で大宰府に追放してしまいます。**延喜の荘園整理令**は，菅原道真が大宰府に流された**1年後**に出されました。

➡**2年後**（903年），**菅原道真の死**（☞P.42）

年号	**902年　延喜の荘園整理令**
ゴロ	違法な荘園　ここ(9)は(0)不(2)許可
解説	▶醍醐天皇は律令体制の再建を図って延喜の治と呼ばれる天皇親政を行ないます。その際に出されたのが，**違法**な土地の私有を禁ずる延喜の**荘園整理令**です。しかし，律令体制は既に崩壊の一途を辿っており，醍醐天皇による再建は失敗に終わります。

903年 菅原道真の死

▶そして**菅原道真**は，大宰府の地で亡くなってしまいます。その後，都では不穏な出来事が頻発し，菅原道真を追放した藤原時平も若くして亡くなってしまいます。人々はこれらを菅原道真の怨霊のしわざであると考え，道真を京都の北野天満宮で祀り，道真の墓所に**太宰府天満宮**が作られました。後に道真は，学問の神様として広く信仰されるようになります。

★★

年号 905年 『古今和歌集』の成立

ゴロ **見てくれ！ご立派な『古今集』**

解説 ▶**『古今和歌集』**は最初の勅撰和歌集です。奈良時代に成立した『万葉集』は勅撰和歌集ではないので気をつけましょう。『古今和歌集』成立後，鎌倉時代初期の『新古今和歌集』まで8つの勅撰和歌集が編纂され，それらを総称して**八代集**といいます。

➡**300年後**（1205年），**『新古今和歌集』編纂**（☞P.61）

★

907年 唐の滅亡

ゴロ **くれない(紅)に染まり唐滅ぶ**

▶キリはあまり良くありませんが不吉な数字ということで覚えられるのではないかと思いました。菅原道真が遣唐使派遣を中止した**13年後**のことです。

★

914年 三善清行の意見封事十二箇条が出される

ゴロ **歯をくいしばったが成果出ず**

▶**三善清行**の提出した**意見封事十二箇条**には，地方政治の混乱ぶりが記されています。律令体制にもとづいた税の徴収が不可能であるという地方の実態が記されています。

★

927年　延喜格式が出される

ゴロ　天皇親政も苦になる結果に
（9 2 7）

▶醍醐天皇の下で出された格式を**延喜格式**と言います。**弘仁**格式・**貞観**格式・延喜格式を総称して三代格式と言います。

935年　平国香，平将門に殺される

ゴロ　国香，グサッところ(殺)される
（9 3 5）

なぜ？　▶**平将門の乱**が起こるきっかけとなった事件です。**平国香**は**平将門**（右上図）の叔父にあたります。当時，平国香が関東で力を持っていたので，将門はその国香を殺して関東で力を持とうとしたのです。

↓ 4年後

★

年号　939年　平将門の乱・藤原純友の乱

ゴロ　律令体制組みくずれ
（9 3 9）

解説　▶下総を根拠地にしていた**平将門**は，常陸・下野・上野の国府を攻め落として関東の支配者という意味の**新皇**を自称するようになります。

一方，伊予の下級国司であった**藤原純友**も瀬戸内海の海賊を率いて反乱を起こしました。

↓ 1年後

940年　平将門の乱鎮圧

▶平将門の乱は，**1年後**にいとこの**平貞盛**と押領使の**藤原秀郷**によって**鎮圧**されました。この平貞盛は平国香の子にあたる人物で親の敵を取ったという形になります。

↓ 1年後

941年　藤原純友の乱鎮圧

▶**藤原純友の乱**は，平将門の乱が鎮圧された**1年後**に，清和源氏の祖である**源経基**と追捕使の**小野好古**によって鎮圧されました。

967年　村上天皇の死

▶**村上天皇**は醍醐天皇の子で，父の醍醐天皇と共に天皇親政を実現しようとした人物です。この人物が亡くなったので，藤原氏は一気に政権独占を図って政権樹立を行なったのです。

↓ 2年後

★★

年号　969年　安和の変

ゴロ　**腹黒く他氏排斥**（96 9）

解説　▶村上天皇が亡くなると，藤原氏一族が，源満仲の密告を利用して，醍醐天皇の子で左大臣であった**源高明**に皇太子廃位の陰謀ありということで追放し，藤原政権を樹立しました。

★★

985年　『往生要集』完成

ゴロ　**往生すれば，ここはごくらく（極楽）**（9 8 5）

▶源信が著した『**往生要集**』は，極楽往生するための具体的な方法が記された書物です。これをきっかけに**浄土教**が流行します。

★★

年号	988年	尾張国郡司百姓等解文が出される

ゴロ 郡司もくわわり受領を糾弾（988）

解説 なぜ？▶任国に赴任する国司の最上級者である**受領**の中には，私腹を肥やすあまり暴政を行なう者もあり，このように**郡司**や百姓等に訴えられる受領も登場しました。

⬇ 1年後

989年	藤原元命，解任される

▶尾張国郡司百姓等解文が出された**1年後**，**藤原元命**は解任されました。しかし，その後も公家として大きな力を握り続けていました。

【参考】関係系図

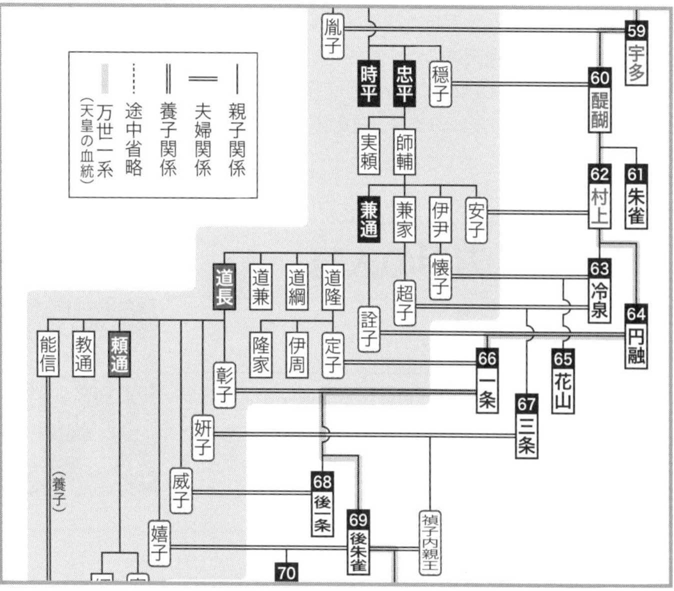

凡例：
- ｜ 親子関係
- ＝ 夫婦関係
- ‖ 養子関係
- ┆ 途中省略
- ▌ 万世一系（天皇の血統）

胤子　時平　忠平　穏子　59 宇多　60 醍醐
実頼　師輔　62 村上　61 朱雀
兼通　兼家　伊尹　安子
道長　道兼　道綱　道隆　懐子　超子　63 冷泉　64 円融
詮子　隆家　伊周　定子　66 一条　65 花山
能信　教通　頼通　彰子　67 三条
妍子　威子　68 後一条　69 後朱雀　禎子内親王
（養子）　嬉子　70

11世紀

1016年　藤原道長，摂政となる

▶その前年には，**藤原道長**が**摂政**となりました。藤原道長は摂政関白の地位の世襲を示すため，**1年後**には子の頼通に摂政の地位を譲ります。しかし，実権は自分が握り藤原氏の最盛期の最頂点に立ちました。

1年後

1017年　藤原道長太政大臣，藤原頼通摂政となる

▶その前には**藤原道長**が**太政大臣**に，道長の子の**藤原頼通**（右上図）が**摂政**となり摂関政治は盤石なものとなっていました。だからこそ藤原道長の3人目の娘を皇后にすることが成功したのです。

1年後

★

1018年　藤原道長が威子を皇后に立てる（一家三立后）

ゴロ　今(10) 嫌(18)なことなし 道長栄華

▶藤原隆家を大宰府に左遷した藤原道長は，その前の年に3人目の娘の**威子**を**後一条天皇**の元に嫁がせ，栄華を極めていました。このとき藤原道長は「この世をばわが世とぞ思ふ望月の欠けたることもなしと思へば」という歌を詠みます。この歌は**藤原実資**の日記『**小右記**』に記されています。

★★

年号　1019年　刀伊の入寇

ゴロ　とい(10)(刀伊)1 来る(9)

解説　▶女真族が対馬･壱岐から博多湾に侵入する事件を**刀伊の入寇**といいます。当時，大宰権帥であった**藤原隆家**がこれを撃退します。藤原隆家は兄の伊周と共に藤原道長と争って敗れた人物です。

★★★

年号 1028年 平忠常の乱

ゴロ 人を増やして 東国進出（1028）

解説

▶**平忠常**は上総で反乱を起こしました。反乱は房総半島に拡大していきます。この反乱を鎮めたのが**源頼信**です。源頼信はこの事件をきっかけに東国進出のきっかけをつくりました。

頼信の父は安和の変で源高明を密告した源満仲，源頼信の子は前九年合戦で活躍した源頼義，孫は後三年合戦で活躍した源義家となります。

★

1045年 寛徳の荘園整理令

ゴロ 買ったとし(年) いつわって 荘園登録（104 5）

▶延久の荘園整理令では，**寛徳の荘園整理令**以降に新たに成立した荘園を停止しました。このときの荘園整理は摂関家に都合のよいもので，形だけの荘園整理でした。

★★

年号 1051年 前九年合戦が始まる

ゴロ 奥州を 平定するぞと いま合意（1051）

解説

▶**前九年合戦**は陸奥の安倍氏の反乱を，源氏の**源頼義**・**義家**親子が鎮圧した出来事です。東北でこのような反乱が起こったことを受けて，当時の貴族は「これこそ末法の前兆である」と恐れおののいたと言われています。この反乱を平定する際，源頼義・義家親子は**出羽清原**氏の協力を得たため，東北では清原氏の力が強くなり，その後清原氏の内紛へと発展していった出来事を**後三年合戦**と言います。末法元年前年にこの事件が起こったので人々は「末法というものは本当なのだ」と思うようになり，より浄土教に傾いていきました。

↑ 1年前

★★

年号 1052年 末法元年

ゴロ

10 5 2
どこにゆくのか 末法元年

解説

▶**末法思想**は，仏教を開いた釈迦が亡くなってから1000年間が釈迦の教えが正しく伝わる正法の時代，次の1000年が釈迦の教えがぼんやりとしか伝わらない像法の時代，そして最後の1万年が釈迦の教えが全く伝わらない末法の時代となります。

つまり1052年は釈迦が亡くなってから2000年後だったのです。

➡**500年前**（552年），**仏教の伝来（『日本書紀』）**（☞P.18）

↓ 1年後

★★

年号 1053年 平等院鳳凰堂の建立

ゴロ

10 5 3
今 これ見るは 極楽浄土

解説

なぜ？ ▶**平等院鳳凰堂**は当時絶大な権力を持っていた藤原頼通が建立した阿弥陀堂です。末法が始まった**1年後**に完成させます。末法思想とはこの世はもう末法で未来がないから，死後の**極楽浄土**の往生をこの世の目標にしようという考え方です。

藤原頼通は自らの財産を投げ打って，「これが極楽浄土ですよ」というものを再現したのです。それが平等院鳳凰堂です。ですから末法の**1年後**に完成となりました。

★★★

年号	1069年	延久の荘園整理令
ゴロ	1069 登録のない 荘園停止	
解説	▶後三条天皇が出した**荘園整理令**は記録荘園券契所が荘園整理を行なったため，従来の国司による荘園整理よりも厳格に行なわれました。その結果，摂関家の荘園も多く停止されました。	

★★

年号	1083年	後三年合戦が始まる
ゴロ	1 0 83 人を闇に葬る 藤原清衡	
解説	▶前九年合戦で安倍氏が滅んだ後，東北地方で勢力を拡大した清原一族で内紛が起こります。この内紛に介入したのが陸奥守の**源義家**です。源義家は**藤原清衡**を助け，内紛を制圧しました。その結果東北では奥州藤原氏の支配が始まります。	

3年後

★★★

年号	1086年	院政の開始
ゴロ	1 0 8 6 院をやろうと 思いつく	
解説	▶後三年合戦で東北の勢力図が変わった**3年後**，中央では**院政**が始まります。白河天皇が幼い子の堀河天皇に譲位し，自らが上皇という立場で，天皇を補佐するという形をとりました。	

12世紀

★

1156年 鳥羽上皇の死

なぜ? ▶**鳥羽上皇**が亡くなったことをきっかけに**保元の乱**は起こりました。ですから，鳥羽上皇の死と保元の乱は**同年**と覚えましょう。

同年

★★★

年号	**1156年**	**保元の乱**
ゴロ	後白河が 力を持って いい頃（1 1 56）	
解説	▶鳥羽上皇の死をきっかけに，鳥羽上皇と対抗していた**崇徳上皇**は，鳥羽上皇の立場を引き継いでいた**後白河天皇**と戦います。戦いは崇徳上皇の敗北に終わり，崇徳上皇は**讃岐**に流されてしまいます。この後，後白河上皇の近臣間の対立が起こります。	

3年後

★★★

年号	**1159年**	**平治の乱**
ゴロ	平家にとって いいいくさ（戦）（1 1 5 9）	
解説	▶保元の乱の**3年後**に起こったのが**平治の乱**です。平清盛と結ぶ**藤原通憲**に反感を抱いた**藤原信頼**が，源義朝と結んで藤原通憲を自殺に追い込みます。これに反発した平清盛が藤原信頼と源義朝を倒し，平清盛が院の近臣間で最強となりました。	

11年後（保元の乱から「いい年」が経った）と覚える。

8年後

★

1167年 平清盛，太政大臣に

ゴロ 平家ばかりが 出世するから 人々むなしくなるばかり（1 1 6 7）

▶**平清盛**は後白河上皇を武力で支える一方で，蓮華王院の造営などをした功績により武士として初めて**太政大臣**となりました。しかし，平氏政権は長く続きませんでした。平治の乱より「末広がり」の**8年後**です。

10年後

★

1177年	鹿ヶ谷の陰謀

▶平清盛が太政大臣になった**10年後**，平氏打倒計画が起こります。これを**鹿ヶ谷の陰謀**といいます。藤原成親や僧の俊寛が平氏打倒を図ろうとしますが失敗し，やがて首謀者は島流しや死罪となりました。

↓ 2年後

★

1179年	後白河法皇，鳥羽殿に幽閉される

ゴロ 幽閉されると 言い泣く（1179）

なぜ? ▶平清盛は平氏打倒計画である鹿ヶ谷の陰謀に対抗するため，**後白河法皇**を**鳥羽殿に幽閉**し，院政ができないようにして，自らに権力を集中させようとします。

↓ 1年後

★

1180年	安徳天皇即位

なぜ? ▶後白河法皇に院政ができないようにした平清盛は，娘の徳子が生んだ幼い**安徳天皇**を即位させ，自らは**外戚**として政権を握ろうと考えました。

‖ 同年

★★★

年号	**1180年** 治承・寿永の乱
ゴロ	いいぞ やれやれ 平氏を倒せ（11 80）
解説	▶**治承・寿永の乱**とは，1180年の以仁王の挙兵から1185年の**壇の浦の戦い**で，平氏が滅亡するまでの源氏・平氏の争いのことです。

‖ 同年

★★★

1180年	以仁王，平氏打倒の令旨を出す

なぜ? ▶**以仁王**は後白河法皇の子です。**前年**の父の院政停止に反発して**平氏打倒の令旨**を出したわけです。**以仁王**と**源頼政**が挙兵しますが敗死してしまいます。

‖ 同年

★★
1180年　源頼朝・源義仲らが挙兵する

なぜ？ ▶以仁王の令旨を受けて全国の源氏が立ち上がります。ですからこれは，治承・寿永の乱と**同年**となるのです。

同年

★★
1180年　侍所の設置

なぜ？ ▶平氏と戦うため，頼朝は自らの家臣である御家人をまとめていく必要があり，軍事統率の中心機関となる侍所が設置されました。

同年

★★★
1180年　福原京遷都

ゴロ　遷都と 言い張れ（1180） 福原京

なぜ？ ▶福原京の遷都は平氏打倒の動きを受けて行なわれたものなので，平氏打倒と**同年**です。福原京は**摂津**（兵庫県）におかれました。

同年

★★
1180年　平重衡，南都焼討ち

なぜ？ ▶平氏打倒の動きに同調しようとしている仏教勢力を黙らせようとして，**平重衡**が**東大寺**や**興福寺**を焼打ちします。しかしこのことはかえって仏教勢力を敵にまわすことになってしまいました。

1年後

★
1181年　平清盛の死

▶治承・寿永の乱が始まった1**年後**に**平清盛**は亡くなってしまいます。ここに因果関係はありませんが，これをきっかけに平氏の力は急速に弱まっていき，1185年の平氏滅亡へとつながっていくのです。

同年

★
1181年　養和の大飢饉

▶治承・寿永の乱が始まって1**年後**，**養和の大飢饉**と呼ばれる大規模な飢饉が起こります。平清盛の死と，養和の大飢饉が相まって平氏政権は衰退の一途を辿っていくこととなります。

2年後

★

1183年　源義仲の入京・平氏の都落ち

3年後

ゴロ いいやみ(1183)やがれ 平家が逃げた

なぜ? ▶平清盛の死と養和の大飢饉で平氏の力が弱まっていきます。**2年後**には木曽の**源義仲**が**入京**し，**平氏**は**都落ち**となってしまいます。

同年

★

1183年　寿永二年十月宣旨

なぜ? ▶平氏が安徳天皇を連れて都落ちをした結果，中央の政治は混乱を極めます。後白河法皇は源頼朝に対して**寿永二年十月宣旨**を出して東海道と東山道の実質的な支配権を与えます。

1年後

★

1184年　公文所・問注所の設置

ゴロ 源氏の人々(11) 野心(84)をとげる

なぜ? ▶寿永二年十月宣旨で東海道と東山道の実質的な支配権を与えられた**源頼朝**は，**1年後**，関東での政治を行なうための**公文所**と裁判を行なうための**問注所**を設置します。

2年後

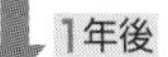

1年後

★★

年号　1185年　壇の浦の戦いで平氏が滅ぶ

4年後

ゴロ 人々(11)は(8) いつ(5)も涙の 壇の浦

解説 ▶平氏の都落ちから**2年後**（1185年），に長門（山口県）の**壇の浦**で平氏は源義経・源範頼の軍勢に攻められ滅んでしまいました。

同年

★

1185年　安徳天皇の死

なぜ? ▶壇の浦の戦いで安徳天皇も入水自殺をしてしまったので，安徳天皇の亡くなった年は壇の浦の戦いと**同じ年**となります。

COLUMN—1

原始・古代のあらすじ

はるか昔，アフリカで誕生した人類は，大型動物を狩猟する**移住生活**を送りながら，世界中へと広がっていった。約1万年前，最後の氷期が終わり更新世から完新世になると，**縄文時代**の幕が開ける。地球規模の温暖化によって海面が上昇し，現在の日本列島が形成された。温暖化によって大型動物が絶滅したことで，人類の生活は中小動物を狩猟する**定住生活**に変わる。続く**弥生時代**に**稲作**が伝来すると，協力して稲を育てるために集落ができ，稲作を指導する支配者が現れ，稲の蓄えや土地をめぐって争いが生まれた。強い集落は周辺の集落を統合し，やがて日本各地に多数の小国が形成されていった。

各小国の王たちが巨大な古墳をつくって権力を誇示するようになる**古墳時代**，大和地方の王たちは日本の統一をめざして同盟を締結。**大王**を中心とする連合体**ヤマト政権**が誕生し，強大な武力で東北南部から九州までを統一した。**飛鳥時代**には，ヤマト政権の権力は安定して「朝廷」となり，大王は「**天皇**」とよばれるようになる。朝廷では，権力争いに勝利した蘇我氏が，仏教を受容しつつ天皇の権威をしのぐようになった。しかし，天皇中心の中央集権国家をめざす中大兄皇子らに滅ぼされ，やがて公地公民制のもと法律(**律**と**令**)によって国を統治する**律令国家**体制の礎が築かれた。**奈良時代**になると，有力豪族である藤原氏とその対抗勢が権力を奪い合う中，重税や飢饉などの影響で各地の農民は窮乏・逃亡。国に税が集まらず，地方の統制もとれず，律令体制は次第に崩壊していく。朝廷は，税収増を図って国の所有物であった「土地」を開墾を条件に人々に与えた。各地の貴族・豪族たちは，付近の農民らに土地を開墾させ，領地を拡大していった。続く**平安時代**に「荘園」とよばれるこの領地は，私有地のため自分で守らねばならず，各地の貴族・豪族たちは兵士を雇うか，または自らが武装するようになった。これが**武士**の起源であり，中でも皇族出身の貴族である**平氏**と**源氏**は畏敬を集め，強大な武家（軍事貴族）を形成していった。延喜・天暦の治といった天皇家による政治改革，藤原氏の台頭と**摂関政治**，上皇による**院政**など政治形態が変遷する中，地方武士の反乱を鎮圧するなど活躍した平氏が院に重用されて増長し，やがて政治の実権をも握るようになる。しかし，強圧的な専制政治で多くの反発を招いた平氏は，ついには対立する源氏に打倒され，滅亡する。

第2部 中世

THE MEDIEVAL PERIOD

Ⅵ 鎌倉時代

1185 ― 1333

◀ゴロ音声

Ⅶ 室町時代

1336 ― 1573

◀ゴロ音声

スマホのカメラでこのコードを読み取ると，各時代の「ゴロ」の音声が再生されます。

【中世】日本史年表（12～16世紀：西暦1185～1573年）

時代	年代	出来事
▼鎌倉時代	1185	**鎌倉幕府の確立**
	〃	守護・地頭の設置
	1189	奥州藤原氏の滅亡／源義経の死
	1190	頼朝，右近衛大将に
	1192	**源頼朝，征夷大将軍に**
	〃	後白河法皇の死
	1199	源頼朝の死／源頼家，将軍に
	〃	13人合議制
	1200	梶原景時，倒される
	1203	**北条時政，執権に**
	〃	比企能員の乱
	〃	源頼家，将軍を廃される
	〃	源実朝，将軍に
	1204	源頼家，修禅寺で殺される
	1205	北条時政が執権を辞め，北条義時が2代執権となる
	〃	**『新古今和歌集』編纂**
	1213	**和田義盛，倒される**
	〃	北条義時，侍所別当に
	1219	**源実朝，暗殺される**
	1220	『愚管抄』の成立
	1221	**承久の乱**
	〃	3上皇の配流，仲恭天皇即位
	〃	六波羅探題の設置
	1223	新補率法を定める
	1224	北条泰時，鎌倉幕府3代執権に
	1225	**連署・評定衆を置く**
	〃	大江広元の死・北条政子の死
	1226	藤原頼経，将軍となる（摂家将軍の始まり）
	1231	寛喜の大飢饉
	1232	**御成敗式目制定**
	1246	北条時頼，鎌倉幕府5代執権に
	1247	**宝治合戦**
	1249	**引付の設置**
	1268	モンゴル，日本に服属を要求
	〃	北条時宗8代執権に
	1271	元の建国

時代	年代	出来事
	1274	**文永の役**
	1279	南宋の滅亡
	1281	**弘安の役**
	1284	北条貞時，鎌倉幕府9代執権に
	1285	**霜月騒動**
	1297	**永仁の徳政令**
	1317	**文保の和談**
	1318	後醍醐天皇の即位
	1321	後醍醐天皇の天皇親政
	〃	記録所の再興
	〃	後宇多上皇の院政停止
	1324	**正中の変**
	1331	**元弘の変**
	〃	光厳天皇の即位
	1333	**鎌倉幕府滅亡**
	〃	北条高時，長崎高資，北条守時の死
	〃	後醍醐天皇，京都に戻る
	1334	**建武の新政**
	1335	中先代の乱
	〃	足利尊氏反旗を翻す
	〃	護良親王殺される
	1336	**南北朝の動乱**
	〃	湊川の戦い
▼室町時代	〃	足利尊氏，光明天皇を擁立
	〃	足利尊氏，建武式目を発表する
	1338	足利尊氏が征夷大将軍に任命される
	1339	後醍醐天皇が亡くなる
	〃	南朝，後村上天皇が即位する
	〃	北畠親房が『神皇正統記』を表す
	1342	天龍寺船が派遣される
	1350	**観応の擾乱**
	1351	高師直の死
	1352	足利直義の死
	〃	**半済令**
	1368	**足利義満3代将軍に**
	〃	元の滅亡，明の建国
	1371	今川了俊，九州探題に赴任
	1378	足利義満，花の御所を造営

⬇**黒太字**＝本文内にて「太枠」で大きく表示された重要事項

年代	出来事
1391	**明徳の乱**
1392	**南北朝の合一**
〃	朝鮮の建国
1394	足利義満太政大臣となる
〃	足利義持将軍となる
〃	応永に改元
1397	足利義満が金閣を造営する
1399	**応永の乱で大内義弘が討たれる**
1401	**足利義満，第1回遣明船を派遣**
1404	**勘合貿易が始まる**
1408	足利義満の死
1411	明との国交一時断絶する
1418	宗貞茂の死
1419	**応永の外寇**
1428	**正長の徳政一揆**
〃	足利義持の死
1429	足利義教が室町幕府6代将軍に就任する
〃	**播磨の土一揆**
〃	**尚巴志，琉球王国を建国**
1438	永享の乱
1439	永享の乱終わる，足利持氏殺される
1440	結城合戦
1441	**嘉吉の変**
〃	**嘉吉の徳政一揆**
1454	享徳の乱
1457	足利義政，足利政知を堀越公方とする
1457	コシャマインの戦い
1467	**応仁の乱**
1485	**山城の国一揆**
1488	加賀の一向一揆
1500	祇園祭の復活
1510	**三浦の乱**
1512	壬申約条で宗氏が朝鮮と貿易協定を結ぶ
1523	**寧波の乱**
1532	京都で法華一揆
1536	天文法華の乱
1543	**鉄砲伝来**
1549	**キリスト教伝来**
1551	大内氏が滅び勘合貿易が途絶える
1560	**桶狭間の戦い**
1561	川中島の戦い (1553～1564)
1562	清洲同盟
1565	足利義輝が松永久秀らに殺される
1567	稲葉山城の戦いで美濃の斎藤氏を滅ぼす
1567	稲葉山城が岐阜城と改められる／美濃の加納に楽市令が出される
1568	**信長が足利義昭を奉じて入京**
1569	信長がルイス＝フロイスにキリスト教布教を許可
1569	織田信長が堺を直轄化する
1570	姉川の戦い
〃	石山戦争始まる
1571	比叡山焼打ち
1573	浅井氏・朝倉氏の滅亡／織田信長，足利義昭を追放
〃	室町幕府の滅亡
1584	スペイン人が平戸に来航する

この年表の「なぜ」と「流れ」を本編で覚えましょう➡

【鎌倉時代】

★★★

年号 1185年 鎌倉幕府の確立

ゴロ
1 1 85
いい箱作った 鎌倉幕府

解説

なぜ？▶1185年，平家が滅亡すると，源頼朝は**守護**と**地頭**の任命権などを獲得して武家政権を樹立しました。そのため，この年号が武家政権である**鎌倉幕府**の確立となるのです。

同年

★★★

1185年 守護・地頭の設置

なぜ？▶**守護**と**地頭**の任命権を獲得したことが鎌倉幕府の成立になるので，鎌倉幕府の成立と**同じ年**となります。

4年後

★★

1189年 奥州藤原氏の滅亡／源義経の死

ゴロ 義経は いい役果たすも 自害した
（1 1 89）

なぜ？▶奥州藤原氏は，鎌倉幕府成立の**4年後**に源頼朝によって滅ぼされました。藤原秀衡は源義経をかくまいましたが，秀衡の没後，藤原泰衡になると頼朝の圧迫に耐えられず義経を自害に追い込みました。しかし，頼朝は義経をかくまったという理由で，奥州藤原氏を滅亡させてしまうのです。また，源義経をかくまったことが奥州藤原氏滅亡の原因なので，**源義経が亡くなった年**と，**奥州藤原氏の滅亡**は**同じ年**になります。

1年後

1190年 頼朝，右近衛大将に

▶奥州藤原氏を滅ぼした**1年後**，源頼朝は東北地方を平定したということで朝廷に征夷大将軍の地位を求めました。しかし，後白河法皇はこれを許さず，**源頼朝**に**右近衛大将**という非常に高い官職を与えます。

2年後

★★

年号	**1192年**	**源頼朝，征夷大将軍に**

ゴロ

1 1 92
いい国するため 将軍就任

解説

なぜ？ ▶右近衛大将になった**2年後**，源頼朝は晴れて**征夷大将軍**に就任します。源頼朝が征夷大将軍に就任したのは，源頼朝を征夷大将軍にすることに反対していた人物が亡くなったからです。

同年

1192年　後白河法皇の死

なぜ？ ▶**後白河法皇**が亡くなることによって，源頼朝は征夷大将軍に就任します。源頼朝を征夷大将軍に任じた天皇は後鳥羽天皇です。後鳥羽天皇は源氏が滅んだ後，北条義時追討の院宣を出して承久の乱を行なった人物です。

7年後

★

1199年　源頼朝の死／源頼家，将軍に

ゴロ　**頼朝は 人々くぐり抜け 天下を取った**（1 1 9 9）

▶源頼朝は**1100年代の最後の年**に亡くなりました。源頼朝が亡くなったため，**同じ年**に源頼朝の子である**源頼家**が**将軍**になりました。

同年

1199年　13人合議制

なぜ？ ▶源頼朝のようなカリスマ的な支配者が亡くなってしまったため，鎌倉幕府の政治は有力御家人による**合議制**になります。

1年後

★

1200年　梶原景時，倒される

なぜ？ ▶有力御家人の合議制になると有力御家人同士での争いが始まります。13人の合議制を始めた**1年後**，源頼朝を石橋山の戦いで救った**梶原景時**が真っ先に殺されてしまいます。

13世紀

★★

年号	1203年	北条時政，執権に
ゴロ	執権の 位置におさまる 北条時政 (1 2 0 3)	

解説

▶1203年，**北条時政**は**比企能員**を倒して**政所別当**となりました。政所別当のことは後に**執権**と呼ばれるようになり，鎌倉幕府を実質的に支配していく立場となっていきます。

執権になった北条時政は，比企能員と結びつきの強かった源頼家を廃した年に頼家の弟である源実朝を鎌倉幕府3代将軍に立てました。

同年

★

1203年 比企能員の乱

なぜ？ ▶北条時政が執権の座についたのはライバルであった比企能員を倒したからです。ですから**比企能員の乱**も**同じ年**になります。

➡**3年前**（1200年），**梶原景時，倒される**

同年

1203年 源頼家，将軍を廃される

なぜ？ ▶比企能員は**源頼家**と結んで勢力をのばしていました。比企能員の乱で，比企能員の勢力を削いだ北条時政は，この年，源頼家を将軍の地位から引きずり下ろしたのです。

同年

1203年 源実朝，将軍に

▶執権になった北条時政は，比企能員と結びつきの強かった**源頼家を廃した年**に，頼家の弟である**源実朝**を鎌倉幕府3代**将軍**に立てました。

1年後

1204年 源頼家，修禅寺で殺される

▶源頼家は**将軍を廃された1年後**，**修禅寺**で殺されてしまいます。

1年後

1205年　北条時政が執権を辞め，北条義時が2代執権となる

なぜ？ ▶源頼家が修禅寺で殺された1**年後**，最高権力者であった北条時政は暴走を始めます。自らの娘婿で，源頼朝と遠縁であった平賀朝雅を将軍に立てようとするのです。この暴走を食い止めるため，北条政子と**北条義時**は父の北条時政を伊豆に幽閉して，北条義時が**2代執権**となるのです。

★★

年号　1205年　『新古今和歌集』編纂

ゴロ　古今集の 位置に追いつく 新古今（1 2 0 5）

解説
▶**『新古今和歌集』**は**後鳥羽上皇**の撰で編まれた勅撰和歌集です。**『古今和歌集』**から続く和歌集である八代集の最後にあたります。**藤原定家**・**藤原家隆**らが編纂しました。『古今和歌集』が編纂されたちょうど300年後に『新古今和歌集』が編纂されました。

➡300**年前**（905年），**『古今和歌集』の成立**（☞P.42）

★★

10年後

年号　1213年　和田義盛，倒される

ゴロ　一時勇んだ 和田敗北（1 2 13）

解説
なぜ？ ▶鎌倉幕府において政所別当と同様に力を持っていたのが**侍所別当**です。侍所別当には有力御家人である**和田義盛**が就任していました。

北条時政が執権に就任した10**年後**，北条時政の跡を継いで2代執権となった北条義時は和田義盛を倒します。

同年

★

1213年　北条義時，侍所別当に

なぜ？ ▶和田義盛を倒したときに北条義時は和田義盛が就任していた侍所別当を兼任することとなります。

6年後

★★

年号　1219年　源実朝，暗殺される

ゴロ　いつ行く？ 実朝 暗殺に（1 2 1 9）

解説　なぜ？ ▶鎌倉幕府3代将軍源実朝は**鶴岡八幡宮**で**公暁**に暗殺されます。公暁は源頼家の子で，源実朝を暗殺することで父親の敵討ちを果たそうとしました。これにより源氏の将軍が廃絶することになります。よって，源頼朝からの源氏政権は，三代で滅ぶこととなったのです。

★

1220年　『愚管抄』の成立

なぜ？ ▶『**愚管抄**』は**慈円**が著した歴史書です。**承久の乱の前年**に著されました。これは当時，鎌倉幕府と戦おうと考えていた後鳥羽上皇に承久の乱を思いとどまってもらおうという思いで記されました。

2年後　1年後

★★★

年号　1221年　承久の乱

ゴロ　人についとう（追討），義時に（1 2 2 1）

解説　▶**源実朝が暗殺された2年後**，後鳥羽上皇は北条義時追討の院宣を出します。これにより**承久の乱**が始まるのです。

同年

★

1221年　3上皇の配流，仲恭天皇即位

なぜ？ ▶承久の乱の首謀者である後鳥羽上皇は負け，**その年**のうちに隠岐に流されました。また，息子である**土御門上皇**は土佐に，**順徳上皇**は佐渡に流されました。そして**仲恭天皇**が即位するも，上皇の敗北のため幕府により廃されてしまいました。

同年

★ **1221年　六波羅探題の設置**

なぜ？ ▶承久の乱に勝利した幕府は，まず最初に朝廷の監視を行なう**六波羅探題**を設置しました。ですから**同年**なのです。

★ **1223年　新補率法を定める**

なぜ？ ▶承久の乱後，新たに地頭が多く設置されました。しかし，その土地の中には地頭の取り分が非常に少ない土地が多く，このままでは地頭の不満が爆発すると考えました。そこで幕府は，承久の乱の**2年後**に**新補率法**を定めて地頭の収入を保証するのです。

※新補率法：地頭の収益の法定率のこと

1224年　北条泰時，鎌倉幕府3代執権に

3年後

▶承久の乱の**3年後**に**3代執権**即位と頭に入れておくとよいでしょう。

1年後

★★

年号	**1225年　連署・評定衆を置く**
ゴロ	**人(1) に(2)こ にこ(25)と 合議制**
解説	**なぜ？** ▶北条泰時は鎌倉幕府の体制を安定させようと図ります。そこで**執権になった1年後**，執権の補佐役である**連署**を置くと共に，有力御家人を**評定衆**に任命し，有力御家人による**合議制**という体制を整えたのです。

同年

1225年　大江広元の死・北条政子の死

なぜ？ ▶連署･評定衆が置かれた年に，**大江広元**と**北条政子**（右上図）が亡くなります。北条泰時が連署･評定衆を置こうと決めた背景には，源頼朝を支え，鎌倉幕府の政治体制を確立させた政所別当の大江広元と，源頼朝の妻で尼将軍として君臨していた北条政子の相次ぐ**死**があったからです。

1226年　藤原頼経，将軍となる（摂家将軍の始まり）

なぜ？ ▶連署・評定衆と鎌倉幕府の実質的な政治体制を整えた1**年後**，北条泰時は，鎌倉幕府のさらなる安定を目指して，後堀河天皇に**藤原頼経**を4代将軍に任命させるのです。

1231年　寛喜の大飢饉

なぜ？ ▶御成敗式目を制定することになった大きなきっかけに，**寛喜の大飢饉**があります。飢饉のような非常事態が起きても，幕府が機能不全にならないようにするといった意味がありました。

↑ 1年前

★★★

年号　1232年　御成敗式目制定

ゴロ　1 人 23 罪に 2 なり　御成敗

解説　▶連署・評定衆を設置した北条泰時は，鎌倉幕府の政治体制を盤石なものにするため，武家の最初の整った法典である**御成敗式目**を制定します。

1246年　北条時頼，鎌倉幕府5代執権に

なぜ？ ▶宝治合戦の前の年に，**北条時頼**が鎌倉幕府5代執権となります。執権となった北条時頼は幕府の権力の強化のため有力御家人であった三浦泰村を1**年後**に滅ぼし，執権になった3**年後**の1249年に引付を設置して所領の訴訟を迅速化，さらに3**年後**の1252年に皇族将軍をおいて北条氏の権力を盤石化させようとしたのです。

↓ 1年後

★★

年号	1247年	宝治合戦
ゴロ	1 2 4 7 人に死なれて 三浦の宝治（法事）	
解説	**なぜ？** ▶北条時頼にとって目の上のたんこぶだったのが，有力御家人の**三浦泰村**でした。三浦泰村は前将軍の藤原頼経と結ぶことで，北条氏の地位を脅かそうとしていました。そこで北条時頼は鎌倉幕府5代執権になったことをきっかけに，三浦泰村を破ったのです。これによって北条氏に対抗する勢力はすべて排除されました。	

2年後

3年後

★★

年号	1249年	引付の設置
ゴロ	1 2 4 9 一に良くなる 裁判制度	
解説	**なぜ？** ▶三浦泰村を破った北条時頼は，自らの政治体制を確立させようと考えます。そこで行なったのが**引付**の設置です。引付とは，所領の訴訟を専門に担当させる機関で，迅速かつ公正な**裁判**を行なうことで，鎌倉幕府の威厳を保とうとしたのです。	

1268年	モンゴル，日本に服属を要求
▶**モンゴル**の使いが日本に**服属要求**をしてきたことが**蒙古襲来**のきっかけとなっています。日本はこの服属要求を拒否したため，蒙古襲来を受けるという流れになりました。	

同年

1268年 北条時宗8代執権に

▶モンゴルの使者が日本に服属要求をした，当時の執権は7代執権の北条政村です。**北条時宗**は，その年のうちに北条政村から**執権**職を譲り受けます。まさしくモンゴルと戦うために執権になることを運命付けられた人物といえるでしょう。

3年後

★

1271年 元の建国

▶モンゴルの使者が日本に**服属要求をした3年後**，**フビライ**は中国を支配するため都を大都（現在の北京）に移し，国号を**元**に改めました。いよいよ日本に対する攻撃の準備が整ったのでした。

10年後

3年後

★★★

年号 1274年 文永の役

ゴロ　ひどい 船酔い 元の軍勢（1 274）

解説　**なぜ？**▶元を建国したフビライは高麗を服属させ，元の**建国**の**3年後**に日本を攻めます。元の支配体制が一段落した段階で日本を攻めるわけです。1回目の蒙古襲来が**文永の役**といわれる出来事です。日本は元の軍勢を見事撃退したのです。

★

1279年 南宋の滅亡

なぜ？▶文永の役から弘安の役までブランクが空いたのは，その間に元は**南宋**を滅ぼすというミッションにかかりっきりだったからです。南宋を滅ぼして中国を統一した元は，**中国統一**の**2年後**再び，蒙古襲来を行なったのです。

2年後

★★★

年号	1281年	弘安の役
ゴロ	蒙古襲来，いつも 敗走 (1 2 81)	
解説	▶**弘安の役**は元が建国されたちょうど10**年後**に起こります。2回目の**蒙古襲来**です。しかし1回目同様，日本は元の軍勢を撃退しました。	

1284年	北条貞時，鎌倉幕府9代執権に

▶北条貞時が執権になると**1年後**，有力御家人の安達泰盛が内管領の平頼綱に滅ぼされる**霜月騒動**が起こります。5代執権北条時頼が執権になった時も**1年後**に有力御家人の三浦泰村が滅ぼされましたね。執権になったことを機に**1年後**にライバルを滅ぼしていくという流れです。

1年後

★★★

年号	1285年	霜月騒動
ゴロ	トップに反抗 安達の一族 (1 285)	
解説	▶**霜月騒動**は有力御家人の**安達泰盛**が，得宗専制体制のもとで力を持った内管領の**平頼綱**に滅ぼされる事件です。御家人の弱体化と得宗専制体制が強化されたことを象徴する事件です。	

12年後

★★

年号	1297年	永仁の徳政令
ゴロ	御家人を 救えず皮肉な 徳政令 (1 29 7)	
解説	▶霜月騒動に象徴されるように**御家人**は弱体化していきます。霜月騒動から12**年後**の1297年，そこで幕府は，御家人の救済のために**永仁の徳政令**を出します。御家人の所領を無償で取り戻させる政策でしたが，効果は一時的で中小御家人の没落に歯止めはかかりませんでした。	

14世紀

★

年号	**1317年　文保の和談**
ゴロ	1 3 1 7 異彩なく 両統迭立
解説	▶当時朝廷は**持明院統**と**大覚寺統**に分かれ，皇位の継承などを争っていました。調停にあたった鎌倉幕府は，大覚寺統と持明院統が交代で皇位につく**両統迭立**をとるようになりました。

↓ 1年後

★

1318年　後醍醐天皇の即位

▶両統迭立が定められた結果，両統迭立の**1年後**，持明院統の花園天皇の次は，大覚寺統の**後醍醐天皇**に決定しました。

↓ 即位したちょうど3年後

★

1321年　後醍醐天皇の天皇親政

ゴロ　1 3 2 1
父さん 不意に **院政停止**

▶後醍醐天皇は即位したちょうど**3年後**に，父の後宇多上皇の**院政**を**停止**し，**天皇親政**を始めます。

‖ 同年

★

1321年　記録所の再興

▶後醍醐天皇は，天皇親政を始めるにあたり後三条天皇が設置した**記録所**を**再興**します。よって，後醍醐天皇の天皇親政と**同年**になります。

※記録所：公家政治復活にむけ，建武の新政の中心機関として一般政務を担当する機関のこと。

‖ 同年

1321年　後宇多上皇の院政停止

なぜ？ ▶天皇親政を行なうにあたって，後醍醐天皇は父の**後宇多上皇**の**院政**を**停止**しました。よって，後醍醐天皇の天皇親政と**同じ年**となります。

★

年号	1324年 正中の変
ゴロ	討幕の 秘密知られる 正中の変
解説	▶後醍醐天皇は，両統迭立を進めようとする鎌倉幕府に不満を抱いて討幕計画を進めましたが，幕府側に漏れることとなり失敗しました。それが**正中の変**です。1324年の4と**正中の変**，しりとりのようにおさえると，元弘の変と取り違えにくくなります。

7年後

★★

年号	1331年 元弘の変
ゴロ	いざ再度 倒幕計画 失敗に
解説	▶後醍醐天皇は正中の変の**7年後**，再び討幕の挙兵を企てて失敗しました。1221年の承久の乱で後鳥羽上皇は隠岐に流されました。12／21と左右対称になった年号です。 同じ左右対称になった年号である1331年（13／31）に後醍醐天皇は**討幕計画**を起こし，奇しくも後鳥羽上皇と同じ**隠岐**に流されてしまうのです。 ➡**1年後**（1332年），**後醍醐天皇が隠岐に流される** ※たまたまですが，元弘の変の**50年前**（1281年）に2度目の元寇＝蒙古襲来（**弘安の役**）が起こっています。関連させて覚えておきましょう。

同年

★

1331年 光厳天皇の即位
なぜ？ ▶2度目の討幕計画を起こした後醍醐天皇は，京都南部の**笠置**に逃げますが，そこで鎌倉幕府に捕らえられて廃位に追い込まれ，**光厳天皇**が**即位**します。後醍醐天皇は**1年後**，隠岐に流されました。

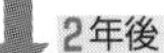

14世紀【鎌倉時代】

★★★

年号 1333年 鎌倉幕府滅亡

ゴロ
1 3 3 3
北条の 一味散々 滅び行く

解説

なぜ？▶後醍醐天皇が隠岐に流されたことをきっかけに後醍醐天皇の子の**護良親王**らが挙兵をすると，**新田義貞**は鎌倉を攻め，**足利高氏**が六波羅探題を攻め，**鎌倉幕府**は滅ぼされます。

※足利高氏は，のちの足利尊氏のことです。

同年

1333年 北条高時，長崎高資，北条守時の死

なぜ？▶鎌倉幕府が滅亡した当時，得宗として最高権力を有していたのは**北条高時**，北条高時の下で内管領として権力を握っていたのが**長崎高資**，そして当時の鎌倉幕府の執権が**北条守時**でした。鎌倉幕府滅亡に伴って3人は全員亡くなってしまうのです。

同年

1333年 後醍醐天皇，京都に戻る

なぜ？▶鎌倉幕府が滅亡すると鎌倉幕府によって擁立されていた光厳天皇も廃位に追い込まれます。そして，それと入れ替わるようにして後醍醐天皇が**京都**に戻ってくるのです。

1年後

★★

年号 1334年 建武の新政

ゴロ
1 3 3 4
建武の新政 政治改革 勇みあし

解説

なぜ？▶鎌倉幕府の滅亡の**1年後**に**建武の新政**が始まります。しかし，建武の新政は後醍醐天皇があまりにも理想に走った天皇親政を行なったため人々の反発を買うこととなります。

1年後

★
1335年 中先代の乱

なぜ? ▶建武の新政が始まった1**年後**，鎌倉では**中先代の乱**が起こります。これは北条高時の頃の**北条時行**が鎌倉幕府の再興を図って起こした反乱です。この反乱を鎮圧したのが**足利尊氏**でした。ゴロで押さえるよりも流れで押さえておいた方が頭に入りやすいと思います。

同年

★
1335年 足利尊氏，反旗を翻す

なぜ? ▶北条時行を破った足利尊氏は，そのまま建武政権に対して反旗を翻します。ですから中先代の乱と**同じ年**の出来事になるのです。

同年

1335年 護良親王，殺される

なぜ? ▶討幕の挙兵を先導した**護良親王**は，建武の新政では征夷大将軍になって鎌倉にいました。鎌倉にいた護良親王は，中先代の乱の混乱の中，足利尊氏の弟の足利直義に殺されてしまうのです。

1年後

★★★
年号 1336年 南北朝の動乱

ゴロ 1336 いざ去ろう 吉野の山に

解説 ▶足利尊氏によって京都を追われた後醍醐天皇は，**吉野**の山中にこもって自らの皇位の正当性を主張しました。この結果，吉野の南朝と京都の北朝が対立する**南北朝の動乱**の時代が始まったのです。

同年

★
1336年 湊川の戦い

▶建武政権に反旗を翻した足利尊氏は，北畠顕家の軍勢に敗れて一時九州に逃げますが，再び勢力を盛り返して京都を目指します。足利尊氏は摂津の**湊川**で**楠木正成**の軍勢を破り，**同年**京都を制圧することに成功します。湊川の戦いで敗れた楠木正成は**同年**に亡くなります。

14世紀【鎌倉時代】

【室町時代】

★★

1336年 足利尊氏，光明天皇を擁立

なぜ？ ▶後醍醐天皇が京都から離れた年，京都を制圧した**足利尊氏**は，持明院統の**光明天皇**を擁立します。この結果，後醍醐天皇は吉野に逃れることとなったのです。

同年

★★

1336年 足利尊氏，建武式目を発表する

なぜ？ ▶足利尊氏が光明天皇を擁立した理由は，室町幕府を開くためでした。そこで室町幕府の当面の政治方針を明らかにした**建武式目**を発表したのです。

2年前

★★

1338年 足利尊氏が征夷大将軍に任命される

ゴロ いざ(13) みや(38)こに 幕府を開く

▶建武式目を発表した**2年後**，足利尊氏は光明天皇から**征夷大将軍**を任命されることとなり，室町幕府を開きます。

1年後

1339年 後醍醐天皇が亡くなる

▶室町幕府が成立した**1年後**に**後醍醐天皇**は亡くなりました。後醍醐天皇は殺されたわけではないので，たまたまなのかもしれませんが，室町幕府ができて，自らが京都に戻る望みを失ったことと後醍醐天皇の死に何らかの因果関係があるような気がしてなりません。

同年

1339年 南朝，後村上天皇が即位する

▶**同年**，息子の**後村上天皇**が即位することとなります。後醍醐天皇が理想とした延喜·天暦後は醍醐天皇とその子の村上天皇による天皇親政でした。醍醐天皇の子が村上天皇，後醍醐天皇の子が後村上天皇と対比的に押さえておくと良いでしょう。

同年

1339年 北畠親房が『神皇正統記』を表す

なぜ? ▶後醍醐天皇が亡くなって後村上天皇になると，**北畠親房**は**『神皇正統記』**を著して後村上天皇に献上します。南朝の正当性を主張するために著したもので，後醍醐天皇が亡くなっても南朝側のモチベーションを維持するといった意味合いもありました。

3年後

1342年 天龍寺船が派遣される

なぜ? ▶足利尊氏は後醍醐天皇が亡くなった**3年後**，**元**に**天龍寺船**を派遣します。天龍寺は後醍醐天皇の冥福を祈るために足利尊氏が創建した寺院です。**夢窓疎石**の勧めで創建することとなりました。その際，天龍寺の造営費用を賄うために天龍寺船が派遣されたのです。

★★

年号 1350年 観応の擾乱

ゴロ 1 3 5 0 一味 これより 内乱に

解説 ▶**観応の擾乱**とは，鎌倉幕府以来の法秩序を重んじる**足利直義**を支持する勢力と，武力による所領拡大を狙う足利尊氏の執事**高師直**を中心とする勢力の対立が武力闘争に発展したものです。

➡**2年後**（1352年），**半済令**（☞P.74）

1年後

1351年 高師直の死

なぜ? ▶観応の擾乱では，足利直義が足利尊氏の執事であった**高師直**と争い，その**1年後**に高師直が敗死しました。

1年後

1352年　足利直義の死

なぜ？▶執事である高師直を殺された**1年後**，足利尊氏は鎌倉に逃れた**足利直義**を毒殺します。これによって観応の擾乱は一旦収束しますが，この後も足利尊氏派，足利直義派，そして南朝勢力の三つに分かれて10年近く対立を繰り返します。

同年

★★

年号　1352年　半済令

ゴロ　13　5 2
国内の 富をご自由に 半済令

解説　なぜ？▶観応の擾乱で混乱が起こるなか，**2年後**に室町幕府は地方の物資を動員するため守護の権限を大幅に拡大します。その守護の権限の拡大の一つが**半済令**です。半済令は軍費調達のため，一国内の荘園や公領の年貢の半分を徴発する権限を守護に認めたものです。これにより守護の権限は拡大し，守護大名へと発展していくのです。

★★

年号　1368年　足利義満，3代将軍に

ゴロ　13　6 8
富をむやみに むさぼる義満

解説　▶室町幕府が最も栄えたのは3代将軍足利義満の頃です。室町幕府の反映は北山文化を代表する建築物である金閣にも象徴されます。そこでゴロ合わせも富を貪るとしました。

同年

★★

1368年　元の滅亡，明の建国

▶足利義満が将軍になったことは何の因果関係もありませんが，**足利義満が将軍になった年**に**明**が建国されました。後に足利義満は明との国交を樹立します。

3年後

★

1371年	今川了俊（いまがわりょうしゅん），九州探題（きゅうしゅうたんだい）に赴任

ゴロ 意味ない（1371） 南北朝の対立 終止符へ

▶足利義満といえば，南北朝の合一を実現させた将軍です。この義満が将軍になった3年後に，足利義満が派遣した**九州探題**の**今川了俊**によって九州は平定されていきます。当時九州は南朝側の勢力が最も強い地域だったため，ここを制圧したことが**南北朝**の合一と大きな弾みをつけたのでした。

10年後

★

1378年	足利義満，花の御所を造営

ゴロ 花ではなく 菜っ葉（7 8）の年に 花の御所

▶足利義満が将軍に就任した**10年後**，京都の室町に花の御所が造営されます。足利氏による幕府が室町幕府と呼ばれる理由は，**足利義満**が京都の**室町**に**花の御所**を造営したことによります。花の御所なので，花（87）で1387年だったら覚えやすかったのですが，87を逆にした**78**年に創建されたと押さえておくとよいでしょう。

★★

年号	**1391年** 明徳（めいとく）の乱（らん）
ゴロ	山名氏の 遺産食い（1391）尽くす 明徳の乱
解説	▶**山名氏清**（うじきよ）は，西国11カ国の守護で**六分の一衆**（ろくぶんのいちしゅう）と呼ばれていました。足利義満は山名氏の内紛に介入して，山名氏清らを滅ぼします。

★★★

年号 1392年 南北朝(なんぼくちょう)の合一

ゴロ 1 3 92
いざ国合わす 南北朝

解説 ▶**南北朝の合一**は南朝側の**後亀山天皇**(ごかめやまてんのう)が，北朝側の**後小松天皇**(ごこまつ)に譲位するという形で実現しました。後亀山天皇は後小松天皇に譲位したという形で面目を保ち，後小松天皇はこの後も天皇であり続けることを南朝側からも認められたという形で合一が果たされました。

同年

★★

1392年 朝鮮の建国

ゴロ 1 3 92
いざ国作らん 李成桂

▶南北朝の合一と**朝鮮の建国**は因果関係はありませんが，**同じ年**なので一緒に押さえておくとよいでしょう。**足利義満**(あしかがよしみつ)が将軍に就任した年に中国では明が建国され，義満が南北朝を合一した年には朝鮮が建国。義満の節目になる年に，中国や朝鮮では新しい国が建国されたということです。朝鮮の建国者は**李成桂**(りせいけい)です。

2年後

1394年 足利義満，太政大臣(だいじょうだいじん)となる

▶南北朝の合一を実現した**2年後**，絶大な権力を有した足利義満は将軍職を子の義持(よしもち)に譲り，平清盛に続いて武士として二人目の**太政大臣**になります。

同年

1394年 足利義持(よしもち)，将軍となる

▶足利義満が太政大臣に就任したのと**同年**に，足利義持は室町幕府第4代将軍に就任します。足利義満は貴族最高位の太政大臣に就任したため，将軍家を兼任できなくなり子の足利義持が就任したのです。

同年

1394年　応永に改元

▶足利義満が太政大臣になった**同年**に元号は，**応永**に**改元**されます。応永は1428年に正長に改元されるまで35年間も使われた元号です。

3年後

1397年　足利義満が金閣寺を造営する

▶**足利義満**は，将軍職を辞めて太政大臣になった**3年後**に，京都の北山に北山殿という壮麗な山荘を作り，**金閣**を建てました。この山荘は義満の死後，寺院となり**鹿苑寺**と呼ばれます。

★★

年号　1399年　応永の乱で大内義弘が討たれる

ゴロ　大内の 一味きゅうきゅう（1399）応永の乱

解説　▶周防・長門を中心とした6カ国の守護であった**大内義弘**は，鎌倉公方の足利満兼らと共に和泉国の堺で反乱を起こしました。これは足利義満の挑発だったといわれています。1390年代の最初の年と

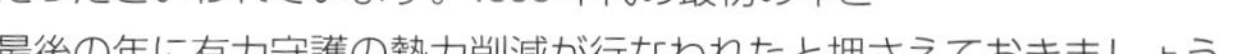

最後の年に有力守護の勢力削減が行なわれたと押さえておきましょう。

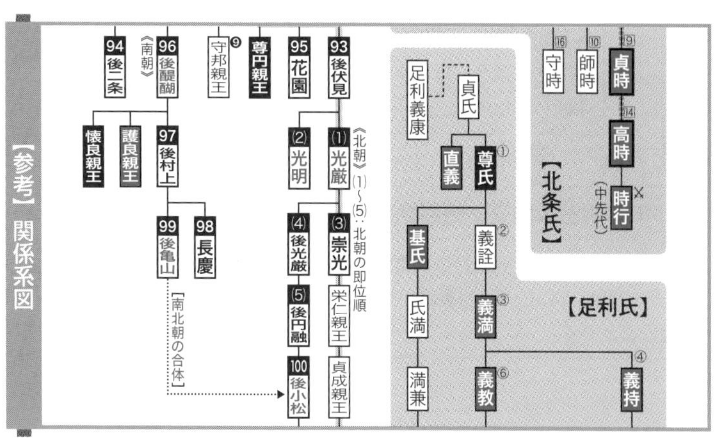

15世紀

★★

年号	1401年	足利義満，第1回遣明船を派遣
ゴロ	1401 **費用要らぬ 日明貿易**	
解説	▶15世紀の始まりと共に，足利義満は明との交易に向けて動き出します。この後に始まる勘合貿易は，**朝貢貿易**で滞在費・運搬費などをすべて明が負担したため，このような覚え方にしました。	

↓ 3年後

★★

年号	1404年	勘合貿易が始まる
ゴロ	1404 **朝貢の 意志を知らせて 貿易開始**	
解説	▶第1回の遣明船が派遣された**3年後**に**勘合貿易**は始まります。勘合貿易は日本の国王が明の皇帝に朝貢する朝貢貿易という形を取りました。	

1408年	足利義満の死
▶足利義満が亡くなり，子の足利義持は自由に政治を行なうことができるようになります。そのため，**3年後**に明との国交を一時中断しました。	

↓ 7年後　↑ 3年前

★

1411年	明との国交一時断絶する
なぜ? ▶4代将軍足利義持は朝貢貿易の形式に反対して，**明**との国交を一時中断しました。足利義満が最初の遣明船を派遣したちょうど**10年後**のことです。	

1418年　宗貞茂の死　（マニアック年号）

なぜ？ ▶対馬島主・**宗貞茂**が亡くなったことをきっかけに，倭寇の活動が活発になったため，**応永の外寇**は行なわれました。ですから，応永の外寇は宗貞茂が亡くなった**1年後**に起こるのです。

↑ 1年前

★★★

年号 1419年　応永の外寇

ゴロ 対馬も日本も 等しい くるしみ（1 4 1 9）

解説 なぜ？ ▶**対馬**の宗貞茂が亡くなったことをきっかけに，倭寇の活動が活発になりました。朝鮮は倭寇の根拠地と考えていた対馬を1万7000の大軍で襲撃します。これが**応永の外寇**です。この結果，日朝貿易は一時中断します。

★★★

年号 1428年　正長の徳政一揆

ゴロ いっしょに 馬借と 徳政要求（1 4 2 8）

解説 ▶**正長の徳政一揆**は，近江の**馬借**が中心となった一揆です。京都の土倉や酒屋などを襲い，質物や売買・貸借の証文などを奪った一揆です。この一揆は管領の**畠山満家**によって成敗されました。

‖ 同年

1428年　足利義持の死

なぜ？ ▶強い権力を持っていた**足利義持**が亡くなり，**足利義教**の将軍就任が決まったことをきっかけに「代替わり」ということで，人々は徳政を求めたのです。

1年後

1429年 足利義教が室町幕府6代将軍に就任する

▶足利義持が亡くなったことをきっかけに室町幕府の次期将軍を決定する必要がありました。**1年後**，次期将軍の決定はくじ引きで行なわれ，足利義教が**室町幕府第6代将軍**に就任したのです。

同年

★★

年号 1429年 播磨の土一揆

ゴロ ひどい武士と いっしょにく（1429）るしむのはゴメンだ

解説 なぜ？ ▶正長の徳政一揆が起こった1**年後**，**播磨の土一揆**が起こります。守護赤松氏の家臣を国外に追放することを求めた一揆です。正長の徳政一揆により一揆を起こしやすい環境になったため，このような一揆が起こったと考えられます。

同年

★★

年号 1429年 尚巴志，琉球王国を建国

ゴロ 必死に 苦（1429）戦し 琉球統一

解説 ▶琉球では北山・中山・南山の地方勢力が争っていましたが，中山王である**尚巴志**が琉球を統一して**琉球王国**を建国しました。

これはたまたまですが，足利義教が6代将軍に就任した**同年**に**尚巴志**は**琉球**を統一します。室町幕府が動揺期を迎えた一方，琉球は安定したということになります。

1438年 永享の乱

ゴロ 人世ざわ（1438）めき 永享の乱

▶6代将軍足利義教は，幕府に反抗的であった鎌倉公方の**足利持氏**を滅ぼしました。**永享の乱**は足利持氏が討伐され，**1年後**終わりました。

1年後

1439年	永享の乱終わる，足利持氏殺される

▶永享の乱は，1**年後**足利持氏が殺されて幕を閉じます。

1年後

1440年	結城合戦

なぜ？ ▶足利持氏が倒されると関東管領であった**上杉憲実**が関東の実権を握り，これに反発したのが**結城氏朝**です。結城氏朝は足利持氏の遺した子が関東の実権を握るべきだと唱え挙兵しましたが失敗します。

1年前

★★★

1441年 嘉吉の変

ゴロ 一つよし行け，**義教暗殺！**

（1 4 4 1）

解説 ▶室町幕府の有力守護であった**赤松満祐**は，**足利義教**の行なっていた守護の勢力削減に反発して，足利義教を自らの邸宅に招き，暗殺しました。この背景には関東で鎌倉公方の足利持氏が倒されたことも大きかったです。赤松満祐は**山名持豊**によって成敗されます。

※1221年は承久の乱，1331年は元弘の変，そして1441年は**嘉吉の変**。偶然ですが，このように**左右対称**になった年号の年に，時の権力者を揺るがすような政変が起こります。ちなみに1551年は中国地方で絶大な権力を握っていた戦国大名の大内義隆が滅亡しました。

同年

★★★

1441年 嘉吉の徳政一揆

ゴロ 一つよし行け，**徳政令だ**

（1 4 4 1）

解説 **なぜ？** ▶足利義教が暗殺されて7代将軍に足利義勝が決まると，代替わりごとの徳政を要求して**嘉吉の徳政一揆**が起こります。幕府はこのとき**徳政令**を出してしまい，この後乱発することとなり幕府の権威はますます失墜していきます。

★★

1454年　享徳の乱

なぜ? ▶鎌倉公方に足利持氏の子の**足利成氏**が就任します。しかし，関東の実権は関東管領の上杉憲忠が握っていたため，足利成氏は憲忠を倒します。これが原因で幕府の追討を受けた足利成氏は，下総の古河に移って自らを古河公方であると主張し始めます。この出来事を**享徳の乱**といい，関東はいち早く戦国の世を迎えることとなります。

3年後

1457年　足利義政，足利政知を堀越公方とする

▶室町幕府は足利成氏に対抗するため，2**年後足利義政**の弟の**足利政知**を鎌倉公方に立てます。その結果，鎌倉公方は**堀越**公方と**古河**公方の二つに分裂することとなりました。

同年

★★

1457年　コシャマインの戦い

ゴロ **い〜よ 来なくて 和人の人たち**

▶偶然ですが，関東で鎌倉公方が対立したのと**同じ年**に**アイヌ**の反乱が起こります。和人の進出に反発したアイヌの大首長**コシャマイン**が蜂起をしますが，蠣崎氏によって制圧されてしまいます。

10年後　10年前

★★★

年号　1467年　応仁の乱

ゴロ　**人の死 むなしき 応仁の乱**

解説 ▶関東や北海道で乱世の時代を迎えた10**年後**に，いよいよ京都でも乱世の時代を迎える転機となる出来事が起こります。管領家である畠山氏と斯波氏の家督争いから端を発し，足利義政の弟である**足利義視**と足利義政の子の**足利義尚**の将軍継嗣争いに，**細川勝元**と**山名持豊**が介入したことで，**応仁の乱**という10年に及ぶ戦乱が続きました。その間に元号は文明に代わり，将軍は9代将軍足利義尚が就任しました。

★★★

1485年 山城の国一揆

ゴロ 闘志は いつまで 8年後

解説 ▶南山城地方で争っていた畠山氏の軍を国外に退去させた一揆です。**山城**の住民は，**8年間**に渡って一揆による自治支配を実現しました。

↓ 3年後

★★★

1488年 加賀の一向一揆

ゴロ 闘志は やる気 1世紀

▶**山城の国一揆の3年後**，**加賀**国（石川県）では浄土真宗本願寺派の門徒が国人と手を組み，守護の**富樫政親**を倒し，**1世紀**にわたる自治支配を実現しました。

★

1500年 祇園祭の復活

ゴロ 行こ〜〜 祇園祭

▶応仁の乱をきっかけに途絶えていた**祇園祭**は，1500年，町衆の力によって復興されました。1500年代には京都で町衆の力が強かったことを象徴する出来事ですので，セットで押さえておきましょう。

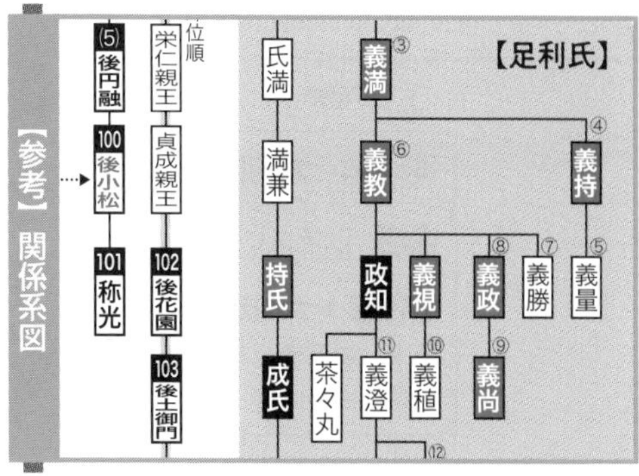

16世紀

★★★

年号	1510年	三浦（さんぽらん）の乱
ゴロ	日本人，朝鮮に以後入れ（1510）ず	

解説 **なぜ?** ▶日本と**朝鮮**が貿易を行なうために，朝鮮の三浦という港に住んでいた日本人には様々な特権が与えられていました。しかし，この特権がどんどん縮小され，不満を持った日本人が暴動を起こして鎮圧されたのが**三浦の乱**です。この事件をきっかけに日朝関係は一時断絶します。

↓ 2年後

1512年 壬申約条（じんしんやくじょう）で宗氏（そうし）が朝鮮と貿易協定を結ぶ

なぜ? ▶三浦の乱の後，対馬の**宗氏**は関係改善のために動きます。その結果，**2年後**に結ばれたのが**壬申約条**です。貿易を再開することと引き換えに日本人の三浦居住が認められなくなりました。

★★★

年号	1523年	寧波（ニンポー）の乱
ゴロ	以後文（1523）寄こすな！ 細川氏	

解説 ▶室町幕府の衰退と共に勘合貿易の実権を握ったのは，堺商人と結んだ**細川氏**と博多商人と結んだ**大内氏**でした。細川氏と大内氏は中国の**寧波**で争い，この戦いに勝利した大内氏が貿易を独占することとなります。

↓ 28年後

★

1551年 大内氏が滅び勘合（かんごう）貿易（ぼうえき）が途絶える

ゴロ 以後来い（1551）と 言われて 滅んだ大内氏

なぜ? ▶**大内氏**の滅亡によって**勘合貿易**は途絶します。その結果，後期倭寇が暗躍するようになります。この後期倭寇は，前期倭寇とは違って中国人や朝鮮人がメインでした。

★

1532年 京都で法華一揆

ゴロ 京都の人混みに(1532) 息(一揆)切れ

なぜ? ▶**京都**で財力を蓄えて力を伸ばした町衆と呼ばれる商人の多くは，日蓮宗の信者でした。彼らは**法華一揆**を結んで一向一揆と対決し，京都の自治支配権を手に入れていきます。

4年後

★

1536年 天文法華の乱

ゴロ 焼打ちに 人ごみむ(1536)らがる 天文法華

▶法華一揆の4**年後**，京都を自治的に運営していた法華一揆は，**延暦寺**と衝突します。延暦寺が京都を焼打ちしたため，法華一揆は一時京都を追われることとなります。延暦寺と言うと焼打ちされたイメージが強いですが，実はこのときは，逆に京都の焼打ちを行なったのです。

★★★

年号 1543年 鉄砲伝来

ゴロ 鉄砲で 以後予算(1543)増え困る

解説 ▶**ポルトガル**人を乗せた中国人倭寇の船が，現在の鹿児島県の**種子島**に漂着しました。日本にやってきた最初のヨーロッパ人です。種子島島主の**種子島時尭**は，彼らが持っていた**鉄砲**を買い求めます。この結果，ポルトガル人との貿易と日本国内での**鉄砲**生産が始まるのです。

およそ40年後

★

1584年 スペイン人が平戸に来航する

ゴロ 以後はよ(1584)ろしく スペインも

▶ヨーロッパ人との貿易はもっぱらポルトガル人との貿易でした。スペイン人が貿易のために日本に来航するのは鉄砲伝来から**およそ40年**経った後の1584年のことです。

※ちなみにザビエルはスペイン人で，1549年に来日しましたが，貿易のために来日したわけではないためスペイン人の来航とはなりません。

★★★

年号	**1549年**	**キリスト教伝来**
ゴロ	1 5 4 9 **以後よく広めよ キリスト教**	
解説	▶**イエズス会**の宣教師**フランシスコ＝ザビエル**は，日本への布教を志して**鹿児島**に到着します。鉄砲伝来も種子島ですし，日本のヨーロッパ人の来航は鹿児島から始まったと押さえておくと良いでしょう。ザビエルは周防の大内義隆や豊後の大友義鎮らの保護を受けて布教を始めました。	

★★★

年号	**1560年**	**桶狭間の戦い**
ゴロ	1 56 0 **日頃 織田家は 天下を狙う**	
解説	▶尾張の**織田信長**は，駿河戦国大名であった**今川義元**を尾張の**桶狭間**で破り，天下統一の第一歩を記しました。	

1年後

1561年　川中島の戦い（1553～1564）

▶桶狭間の戦いの勝利によって織田信長が天下統一に向けての第一歩を記したちょうどその**1年後**，当時最強の戦国大名と呼ばれた甲斐の**武田信玄**と越後の**上杉謙信**（右上図）は信濃で**川中島の戦い**※を繰り広げていました。このように武田氏と上杉氏が戦いにかかりっきりになっている間に，信長は着々と天下統一に向けて駒を進めていったのです。

※1553～1564年の間に計5回対陣。1561年の戦いは最大の激戦となった（信玄と謙信の一騎打ちがあったともいわれる）が，勝敗はつかなかった。

2年後

★

1562年　清洲同盟

なぜ？▶桶狭間の戦いに勝利した**織田信長**（右図）は**2年後**，三河の戦国大名であった**松平元康**（後の徳川家康）と**同盟**を結びます。この結果，背後から攻められる可能性をなくし，信長は上洛への道を進むことができました。

5年後

1565年 足利義輝が松永久秀らに殺される

▶桶狭間の戦いの**5年後**，信長が京に入るための大きなきっかけとなる出来事が起こります。それが**松永久秀**らによる第13代将軍**足利義輝**の暗殺です。そして**足利義輝**の甥にあたる足利義栄が将軍になりますが，このことにより，信長が京に上る大義名分ができたのです。

★

1567年 稲葉山城の戦いで美濃の斎藤氏を滅ぼす

▶入京の**前年**，織田信長は京に上るための足掛かりとして美濃の**斎藤龍興**と戦います。龍興は，美濃の戦国大名で有名な斎藤道三の孫にあたる人物です。信長は美濃を攻略できたので，京都に入ることができました。

同年

★

1567年 稲葉山城が岐阜城と改められる／美濃の加納に楽市令が出される

▶**稲葉山城の戦い**で美濃の斉藤氏を滅ぼしたため，織田信長は稲葉山城を攻略することに成功します。入京の**前年**のことです。織田信長は**稲葉山城**を**岐阜城**と改め，城下町に対しては商業の振興を目的に**楽市令**を出します。楽市令とは，自由な商取引を認める政策です。

3年後

1年前

★★

年号 1568年 信長が足利義昭を奉じて入京

ゴロ　1 56 8
日頃は 静かな 京都に異変

解説

▶足利義輝が暗殺された**3年後**，織田信長は本来将軍になるべき人物は足利義輝の弟の**足利義昭**であるという大義名分を立てて**京**に上り，足利義昭を室町幕府第15代将軍に就任させます。

もちろんこの大義名分だけで京に上れるわけではありません。信長は京に上るための軍事的な足がかりをその直前に築きます。

※**同年**，14代将軍の足利義栄は京都を追われた後，力尽きて亡くなってしまいます。

1年後

16世紀【室町時代】

1569年　信長がルイス=フロイスにキリスト教布教を許可

▶京都に入った織田信長は京都に入った1**年後**，宣教師であった**ルイス=フロイス**に対して**キリスト教の布教を許可**します。信長が京都に入ったからルイス=フロイスはキリスト教の許可を得られたという流れです。

★

1569年　織田信長が堺を直轄化する

▶京都に入った織田信長は京都に入った1**年後**，当時日本最大の貿易都市の1つであった**堺**を制圧します。これにより信長は莫大な経済力を手に入れるわけですが，このことが信長に対する反発を強め，信長包囲網が出来上がっていくのです。

1年後

★★

1570年　姉川の戦い

▶信長が堺を制圧した1**年後**，信長は近江**浅井氏**と越前**朝倉氏**を**姉川の戦い**で破ります。この頃，織田信長と15代将軍に就任した足利義昭の間には大きな溝ができており，足利義昭は浅井氏や朝倉氏と組んで，信長に対する包囲網を形成しようとしていたのです。

1年後

★★

1570年　石山戦争始まる

▶信長が堺を直轄化したことに反発したのは，堺と目と鼻の先にある石山本願寺です。信長が堺を直轄した1**年後**，石山本願寺は信長に対抗する姿勢を見せ，ここから10年にわたる**石山戦争**が始まります。

➡ **10年後**（1580年），**石山戦争終結** （☞P.95）

1年後

★★
1571年　比叡山焼討ち

▶姉川の戦いの1**年後**，信長包囲網を打ち崩すため，浅井・朝倉に味方をしていた当時最大の宗教勢力である**比叡山**の**延暦寺**を焼討ちします。天文法華の乱で出てきたように，延暦寺は京都に対して大きなにらみを利かせる勢力だったため，信長はこれを封じ込めようとしたのです。この比叡山の焼討ちは効果テキメンでした。

2年後

★★
1573年　浅井氏・朝倉氏の滅亡／織田信長，足利義昭を追放

▶比叡山焼打ちによって，信長包囲網の力は急激に弱くなります。**2年後**には，姉川の戦いで破った**浅井氏**と**朝倉氏**を滅ぼします。この結果，京都における信長包囲網が完全になくなったため，織田信長は**足利義昭**を追放し室町幕府を滅亡させてしまうのです。

同年

★★★
1573年　室町幕府の滅亡

ゴロ　**幕府滅んで 以後(15) 波(73)立つ**

▶**室町幕府**が滅びると足利義昭は亡くなったのではと思った人もいるかもしれませんが，足利義昭はまだ生きています。足利義昭が亡くなったのは，2度目の朝鮮出兵である慶長の役が行なわれた1597年です。足利義昭は京都から追われた後も亡くなるまで，将軍の地位の復活の機会をうかがっていたといわれています。

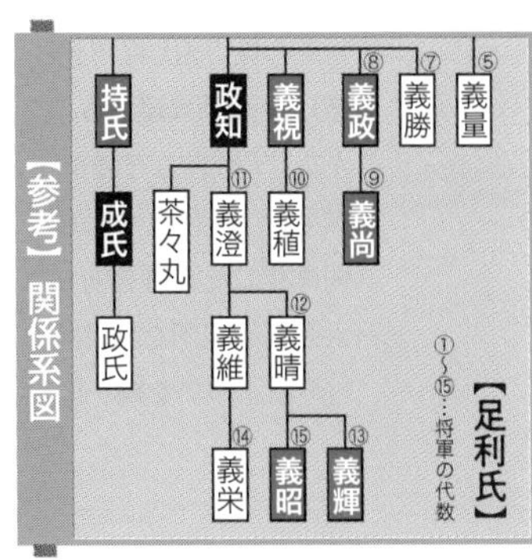

16世紀【室町時代】

COLUMN-2 中世のあらすじ

壇の浦の戦いで平氏が滅ぶと，東国で勢力を強めていた**源頼朝**が，京都の法皇に迫って諸国の支配権を獲得。日本で初めての武士による政権（**鎌倉幕府**）を成立させ，**鎌倉時代**の幕が開けた。

幕府支配の根本は，将軍とその家来である御家人との間の主従関係（封建制度）であったが，頼朝の死後は将軍の求心力が失われ，御家人同士の権力争いが勃発。激しい争いを勝ち抜いた**北条氏**が，将軍を補佐する**執権**の地位を代々世襲し，幕府を牛耳るようになった。京都の朝廷では，後鳥羽上皇が政権を奪還すべく鎌倉幕府に対して挙兵するが，北条政子（頼朝の妻）のよびかけに団結した東国武士団に完敗（承久の乱）。結果，鎌倉幕府の権力はさらに強まり，畿内や西国にも広く及ぶようになった。幕府は，執権とその補佐役である連署，そして評定衆という有力御家人による合議制であった。

13世紀後半，中国の元が日本に二度襲来（元寇）すると，御家人らは命がけの奮闘でこれを撃退。しかし，幕府からは十分な恩賞が与えられず，御家人たちは窮乏し，幕府への不満を募らせていく。この情勢を利用して，天皇親政をめざす**後醍醐天皇**が倒幕をよびかけると，呼応した御家人の**足利高氏**（のち尊氏）らが反旗を翻して幕府の重要拠点を制圧。ついに鎌倉幕府は滅亡する。

京都に戻った後醍醐天皇は，天皇中心の新しい政治（**建武の新政**）を始める。しかし，武士を冷遇する施策に反発した**足利尊氏**は，武力で朝廷を制圧すると，光明天皇を即位させて京都に幕府を開いた。一方，吉野にのがれた後醍醐天皇は，自分こそが正統の天皇であることを主張。こうして，**室町時代**の始まりは，京都の北朝と吉野の南朝，二つの天皇家が対立する**南北朝の動乱**が約60年間続くことになる。

その後，3代将軍**足利義満**が**南北朝の合体**を実現し，室町幕府の権威は最高潮に達する。しかし，6代将軍義教が専制的な恐怖政治をしいたあげくに有力守護に暗殺されると，将軍の権威は失墜。民衆の一揆が頻発し，幕府内では家督争いが激化して**応仁の乱**に発展する。こうして，弱体化した室町幕府が全国を支配する力を失うと，各地の有力者（戦国大名）が自国を独自に支配するようになり，約100年間にわたって国どうしが領土争いを繰り返す「戦国時代」に突入する。

第3部

近世

THE EARLY MODERN PERIOD

Ⅷ 安土桃山時代

◀ゴロ音声

1573 — 1600

Ⅸ 江戸時代

◀ゴロ音声

1603 — 1867

スマホのカメラでこのコードを読み取ると，各時代の「ゴロ」の音声が再生されます。

【近世】日本史年表（16～19世紀：西暦1573～1842年）

時代	年代	出来事
▼安土桃山時代	1573	天正改元
	1574	伊勢長島の一向一揆を平定する
	1575	越前一向一揆を平定する
	〃	長篠合戦
	1576	信長が安土城を築く
	1577	安土山下町に楽市令
	1580	石山戦争終結
	〃	加賀の一向一揆による支配が終わる
	1582	天目山の戦いで武田氏が滅亡
	〃	本能寺の変
	〃	山崎の合戦で明智光秀が敗れる
	〃	秀吉による太閤検地が始まる
	〃	天正遣欧使節がローマ教皇のもとに派遣される
	1583	賤ヶ岳の戦い
	〃	大坂城の築城が始まる
	1584	小牧・長久手の戦い
	1585	羽柴秀吉が四国を平定する
	〃	羽柴秀吉が関白となる
	1586	羽柴秀吉が太政大臣となる
	〃	羽柴秀吉が豊臣の姓を賜る
	〃	後陽成天皇の即位
	1587	聚楽第が完成
	〃	**バテレン追放令**
	〃	秀吉が九州を平定する
	〃	秀吉，対馬の宗氏を通じて朝鮮に入貢を求める
	1588	聚楽第に後陽成天皇迎える
	〃	**刀狩令**
	〃	天正大判の鋳造
	〃	海賊取締令
	1590	**全国統一の完成**
	〃	秀吉が小田原を平定
	〃	奥州平定
	〃	家康が関東に移封される
	〃	天正遣欧使節の帰国
	〃	ヴァリニャーニ，活字印刷術を伝える
	1591	検地帳と国絵図の提出を命じる
	〃	人掃令
	1592	人掃令の再令
	〃	**文禄の役**
	1596	サン＝フェリペ号事件
	〃	26聖人殉教
	1597	**慶長の役**
	1598	豊臣秀吉の死去，朝鮮から撤兵
▼江戸時代	1600	関ヶ原の戦い
	1601	慶長小判が鋳造される
	1603	**徳川家康が征夷大将軍となる**
	〃	阿国歌舞伎が始まる
	1604	糸割符制度が始まる
	1605	徳川秀忠が2代将軍となる
	1607	朝鮮使節が初めて来日する
	1609	**己酉約条**
	〃	島津氏が琉球に出兵する
	〃	**オランダが平戸に商館を開設**
	1612	幕領でキリスト教禁止の命令がでる
	1613	**キリスト教禁止令**
	〃	イギリスが平戸に商館を開く
	〃	伊達政宗が慶長遣欧使節を派遣
	1614	方広寺鐘銘問題
	〃	大坂冬の陣
	1615	大坂夏の陣→豊臣秀頼・淀殿の死
	〃	**豊臣氏の滅亡**
	〃	**一国一城令・武家諸法度・禁中並公家諸法度**
	1616	欧州船の寄港地を平戸・長崎に制限する
	〃	徳川家康が亡くなる
	1617	日光東照宮が作られる
	1623	イギリスが日本より撤退する〈関連語〉
	1624	スペイン船の来航が禁止される〈関連語〉
	1629	紫衣事件が起こる
	1631	奉書船の制度が始まる
	1633	奉書船以外の海外渡航の禁止
	1635	日本人の海外渡航・帰国の禁止
	1637	**島原の乱**
	1638	島原の乱終結
	1639	ポルトガル人の来航禁止
	1641	平戸のオランダ商館を長崎の出島に移す

⬇**黒太字**＝本文内にて「太枠」で大きく表示された重要事項

年代	出来事
1643	**田畑永代売買の禁令**
1651	徳川家光の死→徳川家綱将軍就任
〃	**由井正雪の乱**
〃	末期養子の禁を緩和
1655	糸割符制度を廃止し相対貿易とする
1657	明暦の大火→江戸城本丸が消失
1665	**諸宗寺院法度・諸社禰宜神主法度**
1669	シャクシャインの戦い
1671	河村瑞賢が東廻り海運を開く
1673	分地制限令〈関連語〉
1680	徳川綱吉，5代将軍に就任
1685	**生類憐れみの令**
1685	糸割符制度が復活〈関連語〉
1690	聖堂を湯島に移す
1695	元禄小判の鋳造
1701	赤穂藩主浅野長矩が吉良義央を切りつける
1702	赤穂事件
1709	新井白石が正徳の政治を始める
〃	生類憐れみの令が廃止される
1710	閑院宮家が創設される
1711	朝鮮使節の待遇簡素化
1714	正徳小判が作られる
1715	**海舶互市新例**
1716	**徳川吉宗による享保の改革**
1719	相対済し令
1720	漢訳洋書輸入の禁緩和
1721	人口調査の開始／ 評定衆に目安箱が設置される
1722	**上げ米令**
〃	参勤交代の緩和
1723	足高の制
1732	享保の飢饉
1742	公事方御定書が成立する
1744	御触書寛保集成
1745	享保の改革が終わる
1758	宝暦事件
1767	明和事件
〃	田沼意次が側用人となる

年代	出来事
1772	田沼意次が老中となる
1774	**『解体新書』が完成**
1782	**天明の飢饉**
1783	**浅間山の大噴火**
1784	田沼意知が暗殺される
1786	田沼時代が終わる
〃	将軍徳川家治の死
1787	徳川家斉が第11代将軍に就任
〃	松平定信の寛政の改革
〃	天明の打ちこわしが起こる
1789	棄捐令が出される
〃	尊号一件が始まる
1790	人足寄場の設置
〃	**寛政異学の禁**
1791	林子平が『海国兵談』を全巻自費刊行
1792	**ラクスマン来航**
1793	尊号一件が終わり，寛政の改革も終わる
1797	昌平坂学問所が幕府の直轄となる
1798	近藤重蔵が択捉島を探査
1804	**レザノフ，長崎に来航**
1808	フェートン号事件
〃	間宮林蔵，樺太を探査
1825	**異国船打払令**
1828	シーボルト事件
1833	天保の飢饉
1836	郡内一揆，加茂一揆
1837	**大塩の乱**
〃	生田万の乱
〃	**モリソン号事件**
1838	渡辺崋山『慎機論』，高野長英『戊戌夢物語』を著す
1839	蛮社の獄
1840	アヘン戦争
1841	**天保の改革**
〃	株仲間の解散令
1842	アヘン戦争終結→南京条約

この年表の「なぜ」と「流れ」を本編で覚えましょう➡

【安土桃山時代】

★★

1573年 天正改元

ゴロ 以後 波に乗る 信長さ！

▶京都において無敵となった**織田信長**は，正親町天皇に迫って元号を**天正に改元**させました。まさしく信長の**天下布武**の考え方で，天下が正しくなっていったと示すような元号です。

1年後

★

1574年 伊勢長島の一向一揆を平定する

▶室町幕府を滅ぼした織田信長は，当時最強の戦国大名であった武田氏を破ることと同時に，当時最も脅威であった宗教勢力である一向一揆の平定に乗り出します。**伊勢長島の一向一揆**では，本願寺門徒らが蜂起して信長軍に攻撃しましたが，信長軍は3度にわたる攻撃で一向一揆を**平定**しました。

1年後

★

1575年 越前一向一揆を平定する

▶室町幕府を滅ぼした織田信長は，当時最強の戦国大名であった武田氏を破ることと同時に，当時最も脅威であった宗教勢力である一向一揆の平定に乗り出します。伊勢長島の一向一揆の**1年後**には，**越前一向一揆を平定**しました。

2年後

★★

1575年 長篠合戦

ゴロ 銃でこなごな 武田の軍勢

▶室町幕府を滅ぼした織田信長は，**2年後**当時最強の戦国大名であった**武田氏**に照準を合わせます。武田信玄が亡くなった後，後継者であった**武田勝頼**と戦います。**長篠合戦**で信長は大量の鉄砲を使った戦法で，武田の騎馬軍に勝利します。

1年後

★★
1576年　信長が安土城を築く

なぜ？ ▶当時最強と呼ばれていた戦国大名の武田氏を破ったことで，織田信長は名実共に最強の戦国大名と認められることとなります。そこで自らが最強の戦国大名であるということを知らしめる目的で，長篠合戦の**1年後**に壮大な**安土城**を近江に完成させました。

1年後

★
1577年　安土山下町に楽市令

なぜ？ ▶織田信長は安土城を完成させた**1年後**に，安土の城下町に**楽市令**を出します。織田信長は自由な商取引を認めることによって，城下町の経済を発展させようとした人物なので，自らの居城を築くとそこに楽市令を出していきました。

★★
1580年　石山戦争終結

ゴロ　**戦争終わって 以後(15) 晴れ(80)やか**

▶**石山戦争**は丸10年かかりました。信長にとって最大の難関であったとも言えるでしょう。本願寺11世の顕如と和睦することによって石山戦争は終結しました。

➡**10年前**（1570年），**石山戦争始まる**（☞P.88）

同年

★
1580年　加賀の一向一揆による支配が終わる

なぜ？ ▶織田信長が本願寺と和睦したことによって**加賀の一向一揆**もその支配の歴史を終えることとなりました。

2年後

★
1582年　天目山の戦いで武田氏が滅亡

▶石山戦争終結の**2年後**，信長はいよいよ，「最強の戦国大名」と言われていた武田氏を完全に滅ぼします。これによって信長の天下統一は，あと一歩というところまで来たのでした。

同年

★★★

年号 1582年 本能寺の変

ゴロ 信長一行は 逃げ道失い 本能寺に死す（1 5 8 2）

解説 ▶信長が天下統一の王手をまさしくかけたその年，**明智光秀**は信長を本能寺で襲撃しました。その後光秀は，二条御所にいた信長の息子**織田信忠**も襲い自死させました。

同年

★

1582年 山崎の合戦で明智光秀が敗れる

▶本能寺の変で織田信長が**明智光秀**（右図）に倒されたので，**羽柴秀吉**は明智光秀を**山崎の合戦**で破りました。ですから**同じ年**となります。

同年

★★

1582年 秀吉による太閤検地が始まる

なぜ？ ▶山崎の合戦で明智光秀を破った**秀吉**は山城の地を手に入れます。秀吉は自らが手に入れた土地を順番に，自らが派遣した役人の手で検地をする**太閤検地**を行なっていきます。ですから，明智光秀を破ったのと**同じ年**に太閤検地が始まるわけなのです。

同年

★

1582年 天正遣欧使節がローマ教皇にのもとに派遣される

▶当時，宣教師も信長が天下を取ると確信を持ったことでしょう。そのタイミングで**ヴァリニャーニ**は，**大村純忠**・**有馬晴信**・**大友義鎮**の3人の戦国大名が派遣した少年使節と共に**ローマ**に赴きます。しかしこの使節達が帰ってきた頃には，信長は既に亡くなっており，日本は大きく変わってしまっているのです。

1年後

★

1583年　賤ヶ岳の戦い

1年後

なぜ? ▶明智光秀を破ったからといって秀吉が信長の後継者になれるわけではありません。当時，織田信長の有力な後継者と目されていたのは織田信長の重臣である**柴田勝家**でした。そこで秀吉は**1年後**，この柴田勝家を破ることで信長の後継者としての地位を獲得するのです。

同年

★★

1583年　大坂城の築城が始まる

▶柴田勝家を破って信長の後継者としての地位を確立した秀吉は，**同年**自らが信長の後継者であるということを示す意味も含めて**大坂城**の築城を始めます。この大坂城のあった場所は**石山本願寺**の跡地でもあることから，今後は，宗教勢力も秀吉が押さえていくということを示しています。

1年後

★

1584年　小牧・長久手の戦い

なぜ? ▶秀吉は賤ヶ岳の戦いで柴田勝家を破ったことで信長の後継者としての地位を確立したと言いましたが，もちろんこれに対して異を唱える人もいました。それが徳川家康です。徳川家康は織田信長の三男の**織田信雄**こそが信長の真の後継者であるといって秀吉に反発し，**1年後**に**小牧・長久手の戦い**へと発展していきます。戦いの結果，秀吉は家康と和睦し，信長の後継者としての地位が確立しました。

➡**1年後**（1585年），**羽柴秀吉が関白となる** （☞P.98）

1年後

★

1585年　羽柴秀吉が四国を平定する

▶信長の後継者としての地位を確立した秀吉は，いよいよ全国統一に乗り出します。その最初となるのが，小牧・長久手の戦いの**1年後**の**四国平定**です。四国の**長宗我部元親**を服属させ**四国を平定**します。

同年

★

1585年　羽柴秀吉が関白となる

▶秀吉は，信長の後継者としての地位を確立したことを背景に，朝廷内部での権威を手に入れていきます。まずは**1年後**近衛家の養子になって**関白**となります。摂政・関白は五摂家と呼ばれる家からしか選ばれなかったので，秀吉はまず近衛家の養子になったのです。

1年後

★

1586年　羽柴秀吉が太政大臣となる

▶秀吉は，関白という肩書きを用いて，**1年後**公家の最高権威である**太政大臣**となります。武士で太政大臣になったのは平清盛・足利義満に続いて3人目です。

同年

★

1586年　羽柴秀吉が豊臣の姓を賜る

なぜ？▶秀吉が次に手に入れたのは**豊臣の姓**です。これは五摂家よりも上の格という意味で与えられました。太政大臣になることで与えられたといった側面もありますが，実は豊臣の姓を賜る背景には他にもありました。

同年

1586年　後陽成天皇の即位

なぜ？▶秀吉が豊臣の姓を賜るもう一つの背景には，**後陽成天皇の即位**がありました。これを機に，秀吉は豊臣の姓を後陽成天皇から賜ります。

1年後

★

1587年　聚楽第が完成

なぜ？▶関白・太政大臣となって豊臣の姓を賜ることにより，公家の最高権威にまで上り詰めた秀吉は**1年後**京都に壮麗な邸宅を建てます。それが**聚楽第**です。秀吉が朝廷での権威を手に入れたことが，聚楽第完成の背景となっているのです。

★★★

年号	**1587年**	**バテレン追放令**

ゴロ
1 5 87
以後 話せない 聖書の教え

解説
▶**バテレン追放令**とは，宣教師の国外追放を定めた法令です。キリスト教禁止ではないので注意してください。

➡**1年後**（1588年），**海賊取締令**（☞P.100）

同年

★★

1587年　秀吉が九州を平定する

なぜ？▶バテレン追放令が出された背景には，**同年**の**秀吉**の**九州平定**があります。当初，秀吉はキリスト教に寛容的でした。しかし，九州を平定した際に**大村純忠**（おおむらすみただ）が**長崎**の教会に寄進していることや，ポルトガル人が日本人を奴隷として売買していることなどが発覚したため，秀吉はキリスト教に対して厳しい態度を取るようになりました。

同年

1587年　秀吉，対馬（つしま）の宗氏を通じて朝鮮に入貢を求める

なぜ？▶九州平定を実現した秀吉が次に目をつけるのは明の国です。秀吉はそのための足掛かりとして，**同年**に**対馬**の**宗氏**を通じて**朝鮮**に対して秀吉に**入貢**することと，秀吉が明に出兵するための先導役を勤めるように求めました。しかし朝鮮はこれを拒否したので，秀吉は朝鮮出兵を決断するのです。

➡**5年後**（1592年），**文禄の役**（☞P.102）

★★

1年後

1588年　聚楽第に後陽成天皇迎える

▶聚楽第が完成した**1年後**に，秀吉は自らに豊臣の姓を与えた**後陽成天皇**を迎え，諸大名の前で天皇と秀吉への忠誠を誓わせました。

同年

★★

年号	1588年	刀狩令

ゴロ
1　5　8　8
以後は 刃物 まかりならぬ

解説
▶聚楽第に後陽成天皇を迎え，諸大名の前で天皇と秀吉への忠誠を誓わせたことをきっかけに，秀吉は全国の支配者としての政策を行なっていきます。それが**同年**に行なわれた**刀狩令**と**天正大判の鋳造**です。

同年

★

1588年	天正大判の鋳造

なぜ？ ▶貨幣の鋳造は支配者のみに許された権利なので，**天正大判の鋳造**は自らが日本の支配者であるということを示しているのです。

★★

1588年	海賊取締令

▶秀吉はバテレン追放令を出す一方で，貿易には積極的でした。倭寇などの海賊行為を禁止する**海賊取締令**を出すことによって，南方との貿易を奨励しました。その結果，キリスト教の取り締まりは不徹底に終わりました。

2年後

★★★

年号	1590年	全国統一の完成

ゴロ
1 59 0
戦国 丸く収めて 天下統一

解説
▶刀狩令，天正大判の鋳造，海賊取締令などを出して，秀吉が実質的に全国の支配者としての地位を確立した2**年後**，秀吉は**全国統一**を**達成**します。
秀吉の全国統一は，**同年**の**小田原平定**と**奥州平定**により実現されます。
➡**1年後**（1591年），**検地帳と国絵図の提出を命じる** （☞P.102）

同年

★★

1590年　秀吉が小田原を平定

▶四国や九州を平定した秀吉は，関東を支配するために小田原城を包囲し，北条氏政と氏直を滅しました（**小田原攻め**）。

同年

★★

1590年　奥州平定

▶秀吉は小田原の北条氏政を滅ぼし，伊達政宗が東北地方の大名を服属させたことで全国統一を果たしました。そして秀吉は，小田原攻めに参加しなかった者の領地を没収して，**奥州を平定**しました。よって，この三つの出来事は**同じ年**となります。

同年

★

1590年　家康が関東に移封（いほう）される

▶小田原の**北条氏政**（ほうじょううじまさ）を滅ぼした豊臣秀吉は，**同年**関東の地を徳川家康に任せることとなります。家康には250万石が与えられました。これは豊臣秀吉の直轄地である蔵入地よりも多い石高です。このことが，後に江戸幕府を徳川家康が作っていく基盤となっていきます。

同年

1590年　天正遣欧使節（けんおうしせつ）の帰国

同年

▶本能寺の変で信長が倒れた1582年に出発した**天正遣欧使節**は，**秀吉が全国を統一した年**に帰国します。これらの年号に因果関係はありませんが，出発時とは全く異なる状況に日本がなっていたため，派遣された使節たちは自らの見聞を活かす機会を得ることができませんでした。

同年

1590年　ヴァリニャーニ，活字印刷術（かつじいんさつじゅつ）を伝える

▶天正遣欧使節と一緒に日本に戻ってきた**ヴァリニャーニ**は，このとき，**活字印刷術**を日本に伝えました。だから天正遣欧使節の帰国と**同じ年**なのです。ヴァリニャーニとしては，この活字印刷機を使ってキリスト教をもっと日本に布教させたいという思いだったのかもしれません。

1591年　検地帳と国絵図の提出を命じる

なぜ？ ▶全国統一を完成させ名実共に日本の支配者となった秀吉は，**1年後**全国の大名に対して自分の国の**検地帳**と**国絵図の提出**を命じました。これらの情報は領国外に漏らしてはいけない機密情報のため，これらを提出することは秀吉が支配者になったということを示すものです。

同年

★ 1591年　人掃令（身分統制令）

▶全国の大名に対して検地帳や国絵図の提出を命じた秀吉は，**同年**人々に対しては武家奉公人が町人や百姓になることや百姓が商人・職人になることなどを禁じる**人掃令**を出しました。

1年後　　1年後

★ 1592年　人掃令の再令

なぜ？ ▶**人掃令**が出された**1年後**，再び人掃令が出されます。職業別に人口を調査することで朝鮮出兵の人員を確保しようとしたのです。

同年

★★ 年号　1592年　文禄の役

ゴロ　行こう（15） 苦痛（92）の 文禄の役

解説　▶朝鮮出兵は**全国統一の2年後**に行なわれました。15万余りの軍勢を朝鮮に派遣し，漢城（＝ソウル）や平壌（＝ピョンヤン）を占領しました。

この頃，朝鮮より活字印刷技術・製陶の技術が伝わります。朝鮮出兵の結果，連れてこられた陶工などによって製陶の技術も伝わりました。また朝鮮からの活字印刷技術の伝来も朝鮮出兵によるもので，それを機に数種類の書籍が出版されました。

★

年号	1596年 サン＝フェリペ号事件
ゴロ	スペインとの関係 以後苦労（1 5 9 6）
解説	▶土佐に漂着したスペイン船**サン＝フェリペ号**の乗組員が，**スペイン**は宣教師を領土拡張のために利用していると証言した事件です。

同年

★

1596年 26聖人殉教

▶サン＝フェリペ号事件を受けて秀吉は，**同年**宣教師や信者**26**名を捕まえて長崎で処刑しました。こうして，ますますキリスト教弾圧が強まっていきます。

5年後

★★

年号	1597年 慶長（けいちょう）の役
ゴロ	以後苦難（1 5 9 7）続きの 慶長の役
解説	▶**文禄の役**は途中で休戦し，明との和平交渉が行なわれましたが秀吉の強い態度のため交渉は決裂，文禄の役の**5年後**に再び秀吉は朝鮮に兵を派遣しました。文禄の役とは異なり最初から苦戦を強いられました。

1年後

★

1598年 豊臣秀吉の死去，朝鮮から撤兵

▶慶長の役から**1年後**，**豊臣秀吉**が亡くなったため，朝鮮出兵は撤兵することとなりました。

★★★

1600年 関ヶ原の戦い

ゴロ 一路オー！（1600） 関ヶ原

▶**関ヶ原の戦い**は豊臣秀吉の子である豊臣秀頼を担ぐ西軍側の**石田三成**と，東軍側の**徳川家康**による戦いです。徳川家康が勝利します。秀吉が全国統一をなしとげたわずか**10年後**のことです。

17世紀

1年後

1601年 慶長小判が鋳造される

なぜ？ ▶関ヶ原の戦いに勝利した徳川家康は，自らが権力者であるということを示す意味で**慶長小判**を鋳造します。貨幣を鋳造するということは支配者であることの証なので，ここで鋳造を始めたと考えられます。

【江戸時代】

3年後

★★★

年号 1603年 徳川家康が征夷大将軍となる

ゴロ ヒーローは 三（1603）河生まれの 家康さ

解説 ▶関ヶ原の戦いの**3年後**，徳川家康は**征夷大将軍**となります。しかし，徳川家康は征夷大将軍をずっと続けようとは思いませんでした。

同年

★

1603年 阿国歌舞伎が始まる

ゴロ 歌舞伎の色を 見（160 3）に 京へ

▶偶然ですが，**出雲阿国**が京都で**阿国歌舞伎**を始めたのは，徳川家康が征夷大将軍となった年と**同じ年**です。江戸時代を代表する演劇である歌舞伎は，江戸幕府の成立と同時に始まったと覚えましょう。

★★

1604年　糸割符制度が始まる

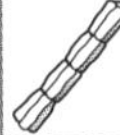

ゴロ　登録をした船だけ 貿易許す

なぜ? ▶ポルトガル商人が中国産の生糸を長崎に運び暴利を貪っていたことに対し，江戸幕府は**糸割符制度**を設けます。これは**糸割符仲間**と呼ばれる特定の商人に輸入生糸を一括購入させることで，生糸の価格高騰を防ぐ制度です。

1年後

★★

1605年　徳川秀忠が2代将軍となる

2年後

ゴロ　大御所の 顔色伺い 疲労こんぱい

なぜ? ▶徳川家康が将軍となったわずか**2年後**に，家康は息子の**秀忠**に将軍職を譲ります。このことは将軍職が徳川氏の世襲であるということを人々に示す意味合いが強かったと考えられます。その証拠に家康は将軍職を辞した後も**駿府**に移り，**大御所**として実権を握ります。

1607年　朝鮮使節が初めて来日する

▶**朝鮮使節**が初めて来日したのは**己酉約条**が結ばれた**2年前**です。最初は朝鮮出兵の捕虜の返還のために やってきた使節でした。

2年前

★★★

年号　1609年　己酉約条

ゴロ　朝鮮と 広～く交流 己酉約条

解説　▶1609年は江戸幕府の対外政策において非常に重要な年です。対馬藩主の**宗**氏と**朝鮮**との間に己酉約条が結ばれ，**釜山**に**倭館**が設置されて貿易が始まりました。将軍の代替わりごとに朝鮮から使節が来日するようになりますが，歳遣船を20隻に減らすなど対馬にとって不利な約条でした。

同年

★★

1609年　島津氏が琉球に出兵する

▶日朝間の交流が生まれたのと**同じ年**，琉球でも動きが起こります。薩摩の**島津家久**が**琉球**王国を征服した結果，琉球王国は薩摩藩の支配下に入ります。琉球からは将軍の代替わりごとと，琉球国王の代替わりごとに使節がやってくるようになります。

さらに，江戸時代唯一交流していたヨーロッパの国であるオランダの商館が設置されたのもこの年です。オランダ商館は1641年に出島に移されるまで，この平戸に置かれました。

同年

★★★

年号　1609年　オランダが平戸に商館を開設

ゴロ　オランダとも広～く交流（1609）

解説　▶江戸時代唯一交流していたヨーロッパの国である**オランダ**の**商館**が設置されたのもこの年です。オランダ商館は1641年に出島に移されるまで，この**平戸**に置かれました。

★★

1612年　幕領でキリスト教禁止の命令がでる

▶キリスト教禁止の命令を全国に出す前の**前年**，幕府は**幕領でのキリスト教禁止**を命じました。まずは幕領で出してから全国に広めたのです。

1年前

★★★

年号　1613年　キリスト教禁止令

ゴロ　日本は広いさ あきらめよう（1613）

解説　▶1613年は**キリスト教禁止の命令**が全国に及んだ年です。しかし，一方で徳川家康はヨーロッパとの貿易に対しては積極的な態度を示していました。

同年

★
1613年 イギリスが平戸に商館を開く

なぜ？ ▶キリスト教禁止の命令が全国に及んだちょうど**その年**，**イギリス**は**平戸**に**商館**を開きます。イギリスはキリスト教布教の意思がないと幕府に認識されているため，キリスト教禁止令が出たことを逆にビジネスチャンスと考えたのかもしれません。

同年

★
1613年 伊達政宗(だてまさむね)が慶長遣欧使節(けいちょうけんおうしせつ)を派遣

なぜ？ ▶キリスト教禁止令と**同じ年**に，**伊達政宗**が家臣の**支倉常長**(はせくらつねなが)をヨーロッパに派遣します。今までのキリシタン大名とは違い，貿易のみを目的とした新しいヨーロッパとの交流を模索したとも考えられます。

10年後

★
1623年 イギリスが日本より撤退する

なぜ？ ▶イギリスが平戸に商館を置いた**10年後**，日本から**撤退**します。キリスト教が原因ではなく，オランダとの貿易競争に敗れたためです。

1年後

★
1624年 スペイン船の来航が禁止される

ゴロ **スペイン船，一路西(1 6 24)へ**

なぜ？ ▶イギリスが日本から撤退した**1年後**，今度は**スペイン船の来航が禁止**されます。キリスト教布教と非常に関係が強く貿易の利潤のあったポルトガルと，キリスト教布教の意思のないオランダとの貿易を考えてのことです。

★

1614年　方広寺鐘銘問題

▶大坂冬の陣のきっかけは，京都の**方広寺**にあった**同年**に豊臣秀頼が奉納した釣鐘に刻まれた文字でした。そこには「**国家安康**」「**君臣豊楽**」と記されていました。家康という言葉が途中で分断されていることから家康を切ることによって，国を安らかにし豊臣を君主として楽しむという意味合いがあると言いがかりをつけたのです。

同年

★★

1614年　大坂冬の陣

▶大坂夏の陣の**1年前**に**大坂冬の陣**が起こります。冬の陣と夏の陣の間にはちょうど半年あって冬の陣と夏の陣は別の年号です。そう考えると冬が先で夏が後ということがわかります。

1年後

★★

1615年　大坂夏の陣→豊臣秀頼・淀殿の死

▶豊臣氏が滅んだのは大坂の陣の後半の**大坂夏の陣**です。ですから**同じ年**となります。そしてその年に**豊臣秀頼**と豊臣秀頼の母である**淀殿**が亡くなります。

同年

★★

年号　1615年　豊臣氏の滅亡

ゴロ　**ヒーロー以後ない　豊臣氏**（ヒー＝1，ロー＝6，以＝1，後＝5）

解説

▶関ヶ原の戦いのちょうど**15年後**に**豊臣氏**は**滅亡**してしまいます。徳川家康が征夷大将軍になったちょうど**12年後**つまり干支が一回りしたときに，豊臣氏は滅亡したのです。

➡**25年前**（1590年），**全国統一の完成**（☞P.100）

➡**15年前**（1600年），**関ヶ原の戦い**（☞P.104）

➡**12年前**（1603年），**徳川家康が征夷大将軍となる**（☞P.104）

※秀吉が権力の絶頂にあった**1590年**のわずか**25年後**に豊臣姓は滅んでしまいます。平家物語のところで「奢れる平家ひさしからず」と出てきますが，豊臣氏もまさしくそのような運命を歩んでいったのでした。

同年

★★★

年号	1615年	一国一城令・武家諸法度・禁中並公家諸法度
ゴロ	徳川への異論 以後すべて 取り締まる	
解説	▶豊臣氏を滅ぼし，名実共に完全に武家のトップとなった徳川氏は，**すべて同じ年に**全国の大名に対して統制を始めます。まず全国の大名に対して居城を一つに限る**一国一城令**を出します。さらに武士の統制法令である**武家諸法度**を制定します。さらには，京都の公家や天皇に対する統制法令として，**禁中並公家諸法度**を出していくのです。	

1年後

★ **1616年 欧州船の寄港地を平戸・長崎に制限する**

なぜ？▶豊臣氏が滅んで完全に徳川の世になったことをきっかけに，江戸幕府は全国への統制を強めていきます。ヨーロッパ人の**寄港地**を**平戸**と**長崎**に制限することによって，キリスト教の布教を食い止めようと考えました。

1年後

1616年 徳川家康が亡くなる

ゴロ いろいろあって 家康亡くなる

▶豊臣氏が滅んだ**1年後**，徳川家康は亡くなりました。もちろんこれは偶然ですが，豊臣氏を滅ぼして完全に徳川の世を実現したことに安堵したから亡くなったと考えることもできます。

1年後

1617年 日光東照宮が作られる

▶そして**1年後**，徳川家康はいよいよ神となります。それを象徴する建造物として**日光東照宮**が作られ，ここに家康が祀られました。日光東照宮の建築物を**権現造**と言います。

★

1629年　紫衣(しえ)事件が起こる

ゴロ　この衣，紫の色(16) 含(29)んでる

▶**後水尾天皇**(ごみずのお)（右図）が大徳寺の**沢庵宗彭**(たくあんそうほう)に，紫の衣の着用を認めた勅許（紫衣勅許）について，幕府が禁中並公家諸法度(きんちゅうならびにくげしょはっと)違反ということで無効とした事件です。これに反発した沢庵宗彭は出羽に流されてしまい，これら一連の流れに怒った後水尾天皇は，子の明正(めいしょう)天皇に譲位します。

★

1631年　奉書船(ほうしょせん)の制度が始まる

なぜ？▶幕府は，貿易の統制を始めようとします。そこで始めたのが**奉書船制度**です。これは朱印状(しゅいんじょう)を持った朱印船(しゅいんせん)に対して幕府が再び審査をし，**老中**が発行する老中奉書を所持した船を奉書船とする制度です。キリスト教の流入を防ぐ目的で，貿易の制度を厳しくしました。

↓ 2年後

★★

1633年　奉書船以外の海外渡航の禁止

ゴロ　一路散々(1633) 奉書船

▶**2年後**に**奉書船以外の海外渡航を禁止**します。このとき幕府は迷走します。結局奉書船制度では完全に貿易船を統制できないと考え，**2年後**に次の手段に出ます。

↓ 2年後

★★

1635年　日本人の海外渡航・帰国の禁止

ゴロ　一路さこ(1635)く（鎖国）へ 突き進む

▶**2年後**行なわれたのが**日本人の海外渡航**と**帰国の全面禁止**です。幕府はこれで**鎖国**は完成したと考えたのですが，この**2年後**に大きな事件が起こり，幕府はさらなる鎖国政策の見直しを迫られることとなります。

↓ 2年後

★★

年号	1637年	島原の乱

ゴロ キリシタンのヒーローみな敗れ（1637）

解説 ▶**島原の乱**は，キリスト教徒を弾圧したことに抵抗した百姓たちの一揆です。**益田時貞**(天草四郎時貞) を首領にして原城跡に立てこもりました。

★

1638年　島原の乱終結

▶島原の乱は農民一揆でしたが，幕府にとっては非常に手強く九州の諸大名ら約12万人の兵力を動員，最終的には老中である**松平信綱**までもが動員され，**1年後**やっと鎮圧されました。

2年後

★★★

1639年　ポルトガル人の来航禁止

ゴロ ポルトガル 一路さくら(桜)の 日本去る（1639）

なぜ？ ▶島原の乱の**2年後**，キリスト教布教と無関係ではない**ポルトガル人の来航**をとうとう**禁止**します。ポルトガルとの間では貿易が盛んに行なわれていたため貿易の利益だけを考えると，ポルトガルとの交流をやめることはマイナスでしたが，島原の乱のようなキリスト教徒による農民一揆が起こったため，来航禁止の措置をとることにしたのです。

★★

1641年　平戸のオランダ商館を長崎の出島に移す

ゴロ 出島ならばと 色良い返事（1641）

▶ポルトガル人来航禁止の**2年後**，最終的に**平戸**にあった**オランダ商館**を**長崎の出島**に移すことによって，いわゆる鎖国が完成しました。

★★

年号 1643年 田畑永代売買の禁令

ゴロ 田畑売る人無視さ（1643）

解説

なぜ？ ▶江戸幕府が始まってちょうど**40年後**，飢饉によって困窮した本百姓が，田畑を富農へ売らないようにするため，江戸幕府は**田畑永代売買の禁令**を出します。

➡**40年前**（1603年），**徳川家康が征夷大将軍となる**（☞P.104）

30年後

★

1673年 分地制限令

ゴロ 分地制限，異論ないさ（1673）

なぜ？ ▶田畑永代売買の禁令が出された**30年後**，分割相続による田畑の細分化を防ぐために**分地制限令**が出されました。

※この200**年後**，1873年に地租改正条例が出され，大きく土地制度が変化すると押さえておくとよいでしょう。

★

1651年 徳川家光の死→徳川家綱将軍就任

なぜ？ ▶**由井正雪**が反乱を起こすきっかけは，徳川家光が急死して幼い11歳の**徳川家綱**が**将軍に就任**したことでした。ですから，由井正雪の乱と徳川家光の亡くなった年，並びに徳川家綱が将軍に就任した年は，**同じ年**となるのです。

同年

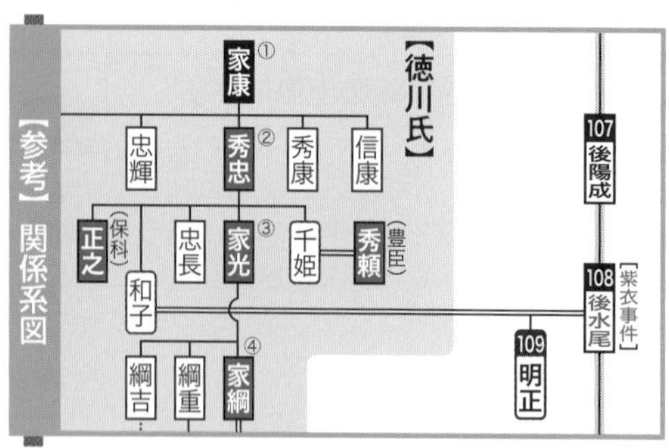

★★

年号	1651年	由井正雪の乱
ゴロ	一路(16) ごういん(5)(強引)(1) 牢人反乱	
解説	▶50年にわたる武断政治の結果，大量の**牢人**(ろうにん)が発生しました。兵学者の**由井正雪**は彼らの不満を利用して反乱を起こしますが，鎮圧されてしまいます。しかし，この反乱に江戸幕府は危機感をもって**武断政治**(ぶだんせいじ)から**文治政治**(ぶんち)への転換を図ります。	

同年

★

1651年　末期養子(まつごようし)の禁を緩和

なぜ? ▶由井正雪の乱をきっかけに，江戸幕府は牢人が増加しない対策を講じます。それが**同年**に起こった**末期養子の禁の緩和**です。末期養子とは死の直前に養子を迎えることです。末期養子は禁止されていましたが，50歳未満であれば末期養子を迎えてもよいということになりました。

★

1655年　糸割符制度(いとわっぷせいど)を廃止し相対貿易(そうたいぼうえき)とする

ゴロ 一路(165)ゴーゴー(5) 相対貿易

なぜ? ▶**糸割符制度**は，ポルトガル人が生糸で暴利を貪ることを防ぐために出された法令なので，オランダと中国だけに貿易を限定している状況では制度の必要性がなくなったため廃止されます。ただ廃止はポルトガル人の来航禁止よりはるかに遅れた1655年のことでした。

30年後

★★★

1685年　糸割符制度が復活

なぜ? ▶しかし**相対貿易**だと様々なトラブルが起こってしまったため再び糸割符制度は復活します。

★★

1657年 明暦の大火→江戸城本丸が消失

ゴロ 江戸丸焼けで 広く(16)ご(5)なん(7)(御難)

▶**明暦の大火**は江戸最大の大火です。本郷丸山町の本妙寺から出火し，江戸城と市街地に甚大な被害を及ぼしました。このとき**江戸城**の天守閣は焼け，結局は再建されませんでした。

★★

年号 1665年 諸宗寺院法度・諸社禰宜神主法度

ゴロ いろいろ(16) むご(65)い 取り締まり

解説 ▶寺院に対する統制と寺社に対する統制は，1665年にまとめて行なわれました。このことは今まで寺社に対する統制が行なわれていなかったわけではなく，宗派別に統制法令が出されていたものを宗派を超えた統制法令に改正したものです。

➡**50年前**(1615年)，**武家諸法度・禁中並公家諸法度**(☞P.109)

※大名に対する統制や公家に対する統制は豊臣氏滅亡と同じ年に行なわれましたが，寺院に対する統制は50年後となります。

★★

1669年 シャクシャインの戦い

ゴロ アイヌの異論(16) 報(69)われず

▶貿易上の利害関係を巡って松前藩と対立していた**アイヌ**は，**シャクシャイン**を中心に戦闘を行ないましたが鎮圧されてしまい，アイヌは全面的に松前藩に服従させられることとなりました。

1671年 河村瑞賢が東廻り海運を開く

ゴロ 異論ない(1671) 航路の開発

▶江戸時代に海運業が発展すると，新しい航路が開かれるようになります。**東廻り海運**は出羽酒田を起点にして江戸に至るルートのうち，東側を回るルートのことです。西に回るルートを**西廻り海運**といいます。

★★

1680年　徳川綱吉5代将軍に就任

▶1680年に，**徳川綱吉**は**5代目将軍**に就任します。以降，**5年毎**に大きな政策を行なっていきます。

5年後

★★

年号　1685年　生類憐れみの令

ゴロ　生類憐み ヒーローはイヌ（1 6 8 5）

解説　▶仏教に帰依した綱吉は，将軍就任の**5年後**に生類すべての殺生を禁じる法令を出します。これにより野犬が横行することがなくなったことからも，最近では**生類憐れみの令**は良い法令であったという解釈がされるようになってきています。

5年後

★

1690年　聖堂を湯島に移す

ゴロ　広くお（16 9 0）しえよ 湯島から

▶生類憐れみの令**5年後**に，綱吉は林羅山が上野に設けた孔子廟と私塾を**湯島**に移して**聖堂学問所**とし，代々林家に主宰させました。

5年後

★

1695年　元禄小判の鋳造

ゴロ　悪銭を 広くゴ（16 9 5）リ押す 荻原重秀

なぜ？　▶湯島に聖堂を移した**5年後**，幕府の財政難を打開するため，勘定吟味役の**荻原重秀**は金の含有率を減らした小判を大量に発行することを提案しました。その結果鋳造されたのが**元禄小判**です。しかしこの元禄小判が大量に発行されることによって物価は高騰し，幕府の財政はますます苦しくなっていくこととなります。

18世紀

★

1701年　赤穂藩主浅野長矩が吉良義央を切りつける

▶**赤穂藩主**の**浅野長矩**は，調停関係の儀礼を管轄する旗本の**吉良義央**を斬りつけます。吉良義央の命に別状はありませんでしたが，斬りつけた場所が江戸城中であったことと，吉良義央が旗本の中でも高家と呼ばれる特別な家の人物だったこともあり，浅野長矩は切腹を命じられ赤穂藩はお家断絶となりました。そのため**1年後**に**赤穂事件**が起こるのです。18世紀の最初の年にこの事件が起こったと押さえてもよいでしょう。

↑ 1年前

★

年号　1702年　赤穂事件

ゴロ　1 7 0 2
人なお二つ 意見分かれる 赤穂事件

解説　▶大石良雄ら赤穂浪士が吉良義央を討つ事件です。主君の敵を討ったということで後に『**仮名手本忠臣蔵**』などで美談とされますが，当時は幕府の秩序を破る者として厳しく処罰されました。

★

1709年　新井白石が正徳の政治を始める

ゴロ　1 7 0 9
人なお苦労の 正徳の政治

▶6代将軍徳川家宣のもとでは侍講であった朱子学者の**新井白石**と側用人の**間部詮房**が政治を補佐します。それを**正徳の政治**と言います。

‖ 同年

1709年　生類憐れみの令が廃止される

▶新井白石が正徳の政治を始めたのと**同じ年**に，**生類憐れみの令**は**廃止**されます。ですから生類憐れみの令の廃止は，正徳の政治を始めた年と**同年**となるのです。

➡**24年前**（1685年），**生類憐れみの令**（☞P.115）

★★★

1710年　閑院宮家が創設される

なぜ? ▶**1年後**，新井白石がまず着手したのが新しい宮家の設置です。当時，宮家は伏見・桂・有栖川の三家しかありませんでした。そのため世襲親王家を継承しない多くの皇子や皇女は出家を余儀なくされていたのです。このままでは皇室の跡継ぎが途絶える危険もあると感じた新井白石は，特例として**閑院宮家を創設**したのです。

★

1711年　朝鮮使節の待遇簡素化

なぜ? ▶**1年後**，宮家の創設に着手した新井白石が次に着手するのが，**朝鮮使節の待遇簡素化**です。朝鮮からは将軍の代替わりごとに通信使がやってきましたが，彼らは将軍のことを日本国大君，つまり主君であると呼んでいました。そのため滞在費用などはすべて江戸幕府が負担することとなり，大きな財政上の負担となっていました。そこで新井白石は将軍のことを日本国王と呼ばせることにより，朝鮮と同等の立場をとることで幕府の負担を減らすと共に，将軍を日本における唯一の国王であると朝鮮に呼ばせるという一石二鳥を狙ったのです。しかし，8代将軍徳川吉宗は再び呼び名を大君に戻します。

★

1714年　正徳小判が作られる

ゴロ　**小判の質が良くなることに反対する人いないよ**（いないよ＝1714）

なぜ? ▶朝鮮使節の待遇簡素化から**3年**のブランクが空きますが，これは将軍が6代将軍徳川家宣から子の7代将軍徳川家継にうつったからです。7代将軍家継のときの新井白石の政策は経済政策が中心となります。品質の悪い元禄小判が大量に発行された結果，急激なインフレーションが起こっていました。そこで新井白石は徳川家康が鋳造した慶長小判と同じ品質の**正徳小判**を作ることでインフレを抑えようとしました。しかし，貨幣がコロコロ変わることによって社会は逆に大きな混乱を招くこととなります。

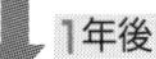

18世紀【江戸時代】

★★

年号 1715年 海舶互市新例（かいはくごしんれい）

ゴロ いいな（17），以後（15）は金銀出すな

解説 なぜ？ ▶正徳小判を作った**1年後**，新井白石は長崎貿易を制限します。これが**海舶互市新例**です。当時日本の**金**や**銀**が大量に海外に流出していました。それを防ぐため，長崎貿易の貿易量を制限したわけです。

↓ 1年後

★★

年号 1716年 徳川吉宗（よしむね）による享保（きょうほう）の改革

ゴロ じゅうなん（17）で 広（16）い範囲の 改革着手

解説 ▶海舶互市新例が出された**1年後**，8代将軍に**徳川吉宗**が就任して**享保の改革**が始まり，新井白石の政治は幕を閉じることとなります。享保の改革では幕府の財政再建を中心に行なっていきます。

↓ 3年後

★

1719年 相対済し令（あいたいすまし）

ゴロ いいな（17），いく（19）ら借りても 自分で解決

なぜ？ ▶吉宗の改革は，将軍就任後**3年後**から本格的に動き始めます。江戸町奉行所が受け付けた訴訟のうち90% 以上が金銀貸借訴訟である**金公事（かねくじ）**でした。そのため吉宗は，裁判の迅速化を図るために金公事を幕府に訴えさせず，当事者間で解決させる**相対済し令**を出したのです。

↓ 1年後

1720年 漢訳洋書輸入の禁緩和（かんやくようしょゆにゅうのきんかんわ）

ゴロ 一つ何を（1720）読もうか 漢訳洋書

▶ **1年後**，吉宗は実学を重んじる政策を行ないます。洋書のうち中国語に翻訳され，かつキリスト教に無関係のものであれば輸入を認めるという政策を取ります。

1年後

★

1721年 人口調査の開始／評定所に目安箱が設置される

ゴロ 吉宗は 批難に一応 耳を貸し

▶1年後，吉宗は本格的な**人口調査**を開始します。この結果江戸の人口が100万人を超えていることがはっきりとするわけです。また**同じ年**，人々の意見を聞くため評定所の前に**目安箱**を設置しました。小石川養生所などはこの目安箱の意見で作られたものです。

1年後

★★

年号 **1722年 上げ米令**

ゴロ 一つ，何に使うの？ 上げ米を

解説 なぜ？▶**1年後**，吉宗は窮乏化した財政を救うため，大名からの石高に応じた**米の上納**を命じます。一万石につき百石の米を幕府に上納するようにするわけです。

同年

★

1722年 参勤交代の緩和

なぜ？▶幕府は，困窮した財政を建て直すため，**参勤交代**時の江戸での滞在期間を1年から半年に短縮することで大名の負担を減らしました。江戸は参勤交代で交通が発達し大都市へと発展しましたが，大勢の家臣を連れての往来に膨大な費用がかかり，財政困窮の原因になっていました。

1年後

1723年 足高の制

ゴロ じゅうなんに 身分を超えた 人材登用

なぜ？▶**1年後**，吉宗は**人材登用**にも乗り出します。しかし，この人材登用も財政支出を抑えながらの人材登用です。**足高の制**では，それぞれの役職ごとの基準石高を定め，その不足分を在任中のみ支給するという形で人材登用を図りながら財政支出を抑えることに成功しました。

★

1732年 享保の飢饉

ゴロ 改革も 飢饉の受難 身に染みる

▶偶然ですが，大名から米を上納させた**10年後**に**飢饉**が起こって米が取れなくなります。西日本でイナゴという害虫が大量発生したために起こった飢饉です。飢饉が起こった**1年後**，江戸では有力な米問屋が米価急騰の原因をつくったということで打ちこわしにあいます。

➡ **10年前**（1722年），**上げ米令**（☞P.119）

★★★

1742年 公事方御定書が成立する

ゴロ 盗難すれば，死に至る

なぜ？ ▶御成敗式目が制定されるきっかけも飢饉でした。江戸幕府も享保の飢饉をきっかけに裁判制度の整備を行なおうと図ります。その結果定められたのが**公事方御定書**です。その内容は厳しく，十両（現在の数十万円）を盗めば死罪になるといったものでした。

⬇ **2年後**

★

1744年 御触書寛保集成

▶公事方御定書が成立した**2年後**に**御触書寛保集成**が出されます。これは1615年以降に出されたお触れを分類し編集したものです。

⬇ **1年後**

★

1745年 享保の改革が終わる

▶御触書寛保集成を完成させ，有終の美を飾った**享保の改革**は，その**1年後**に幕を閉じることとなります。

★

1758年 宝暦事件

ゴロ 批難怖がる 尊王弾圧

▶竹内式部が復古派の公家に尊王思想を教えたために，朝廷統制の責任を持つ摂家によって処分された事件です。

★

1767年 明和事件

ゴロ 否むな（17 6 7） 明和の尊王弾圧

▶兵学者の山県大弐・藤井右門らが江戸で幕政を批判し謀反を企てたということで死罪になった事件です。**宝暦事件**で処分された竹内式部も連座で流罪となりました。

同年

★

1767年 田沼意次が側用人となる

▶たまたまですが，明和事件と**同じ年**に**田沼意次**が側用人となり，田沼時代が始まります。宝暦事件や明和事件が田沼時代の直前であるということを理解しておくと良いでしょう。

5年後

★

1772年 田沼意次が老中となる

ゴロ いいな（1 7） なにしろ（7 2） 老中就任

▶側用人であった田沼意次は**5年後**に**老中**となります。側用人は幕府の将軍の側近で元々はそんなに高い地位にはないのですが，その田沼意次が幕政の最高職である老中にまで短期間で上り詰めたのです。

➡ **10年後**（1782年），**天明の飢饉**（☞P.122）

★★

年号	**1774年** 『解体新書』が完成
ゴロ	『解体新書』，その完成度に 批難なし（1774）
解説	▶『**解体新書**』は，**前野良沢**と**杉田玄白**らが西洋医学の解剖書である『**ターヘル＝アナトミア**』を翻訳したものです。『ターヘル＝アナトミア』は，ドイツ人のクルムスの著した『**解剖図譜**』をオランダ語訳したものでした。田沼時代の頃に作られた書物ということになります。 

18世紀【江戸時代】

★★

年号	1782年	天明(てんめい)の飢饉(ききん)

ゴロ　一難 パニック 大飢饉（1 7 8 2）

解説　▶田沼意次が老中になってちょうど**10年後**に田沼時代に陰りを落とす事件が起こります。それが，江戸三大飢饉のうちの一つである**天明の飢饉**です。東北地方の冷害を機に起こった飢饉です。

↓ 1年後

★★

年号	1783年	浅間山(あさまやま)の大噴火(だいふんか)

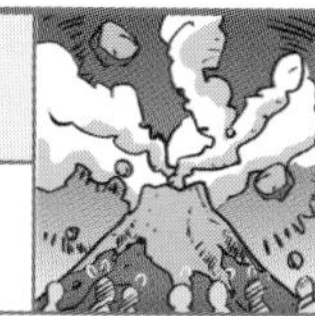

ゴロ　大噴火で さらに人悩み抜く（1 7 8 3）

解説　▶天明の飢饉の被害を拡大させてしまった事件が，天明の飢饉の**1年後**に起きた**浅間山の大噴火**です。噴火による噴煙が太陽を覆い隠してしまったため，冷害はさらに深刻なものとなりました。

↓ 1年後

★★

1784年	田沼意知(たぬまおきとも)が暗殺される

▶天明の飢饉がさらに深刻化した**1年後**に，田沼意次の息子である**田沼意知が暗殺**されてしまいます。田沼意知は老中に次ぐ役職である**若年寄**(わかどしより)に就任しており，まさに親子で幕府の政治を牛耳っていたのです。田沼意知を暗殺した人物は佐野政言(さのまさこと)です。佐野政言は自らの恨みで暗殺したのですが，このタイミングで暗殺したため，人々から世直し大明神と呼ばれました。

↓ 2年後

★

1786年	田沼時代が終わる

▶そして**2年後**に田沼時代は終わるのですが，田沼時代が終わった理由は，田沼意次の政治に対する不満が爆発したからではありません。

‖ 同年

1786年　将軍徳川家治の死

▶田沼意次を登用していた10代将軍**徳川家治**が亡くなったから，**同年**田沼意次は失脚することとなるのです。言い換えれば将軍が亡くなっていなければ，まだ田沼政治は続いていた可能性が高かったのです。

1787年　徳川家斉が第11代将軍に就任

▶徳川家治が亡くなった**1年後**，**徳川家斉**が江戸幕府**第11代将軍に就任**します。また，**松平定信**が**老中**に就任したことで，**寛政の改革**が始まるきっかけとなります。

同年

★★

年号　1787年　松平定信の寛政の改革

ゴロ　非難は無き 寛政の改革（1787）

解説　なぜ？▶田沼時代が終わり，徳川家斉が11代将軍に就任すると，**同年**，老中松平定信による幕政改革が始まります。これが**寛政の改革**です。松平定信は**白河藩**の出身でした。白河藩は天明の飢饉でほとんど被害を出さなかったということが，松平定信の老中起用の大きなきっかけでした。

同年

★

1787年　天明の打ちこわしが起こる

▶田沼時代の政治に対する反発は強く，**同年**に天明の打ちこわしが起こるなど，寛政の改革の船出は非常に厳しいものでした。

2年後

★★

1789年　棄捐令が出される

ゴロ　棄捐令 これはいいなと 拍手喝采（1789）

なぜ？▶寛政の改革が始まった**2年後**，松平定信は動きます。旗本・御家人の救済のため**棄捐令**を出します。これは，借金の帳消しや旗本・御家人の米の売却などを扱う札差に対して貸金を放棄させる命令です。

同年

★

1789年 尊号一件が始まる

▶棄捐令と**同じ年**に**松平定信**（右図）が行なったことが**尊号一件**です。朝廷が光格天皇の父である閑院宮典仁親王に太上天皇の尊号（＝称号）を与えたいと幕府に同意を求めましたが，松平定信がこれを拒否した事件です。この事件がきっかけで朝幕関係は悪化し，松平定信の寛政の改革は短期間に終わることとなります。

1年後

★

1790年 人足寄場の設置

なぜ？ ▶棄捐令が出された**1年後**，江戸の治安対策のために**石川島**に**人足寄場**が設けられ，無宿人を強制的に終了しました。

同年

★★

年号 1790年 寛政異学の禁

ゴロ　どうなるここは？　異学の禁（1 7 9 0）

解説

なぜ？ ▶人足寄場が設けられた**同年**，人々の心の乱れが殺伐とした世の中を生み出すと考えた松平定信は朱子学の徹底を図ります。**寛政異学の禁**を出して，朱子学以外の儒学を幕府の学問所で教えることを禁じました。そのため朱子学は大成し，他学問は発展を妨げられました。

1年後

★

1791年 林子平が『海国兵談』を全巻自費刊行

▶松平定信が寛政異学の禁で学問の統制を行なった**1年後**，**林子平**が兵書『**海国兵談**』を全巻自費刊行します。この書物は幕府に対して海防を強化するよう促したものでした。

※しかし**1年後**，幕府は林子平を処罰してしまいます。理由はこのような本を書くことで人々を混乱に陥れたということです。松平定信は，寛政異学の禁を出すなど，他の学問に対して寛容でない姿勢が見受けられます。

1年後

★★

年号 1792年 ラクスマン来航

ゴロ 異な国より ラクスマン（1792）

解説 ▶偶然ですが，林子平が『海国兵談』で海防論を唱えた**1年後**，ロシアの使節**ラクスマン**は根室に**来航**し，通商要求を目的に漂流民の**大黒屋光太夫**（だいこくやこうだゆう）を届けると共に通商を求めました。その際，幕府は長崎の入港許可証を与えてラクスマンを追い返しました。この後は，6年ごとに重要事件が起こります。6**年後**，近藤重蔵（こんどうじゅうぞう）が恵登呂府（えとろふ）を探検，そして12**年後**，レザノフが長崎に来航します。

4年後

1793年 尊号一件が終わり，寛政の改革も終わる

なぜ？ ▶武家の意向を朝廷に伝える公家である**武家伝奏**（ぶけでんそう）は，太上天皇の尊号を与えるよう，再び**松平定信**に求めます。これに対して松平定信は「武家伝奏は幕府側に立つべきなのに幕府に逆らっている」という理由で公家たちを処分します。この松平定信のやり方に将軍徳川家斉（いえなり）が反発し，松平定信は老中を罷免され，寛政の改革は終わります。寛政の改革が終わった最大のきっかけは**尊号一件**です。

7年後

★

1797年 昌平坂学問所（しょうへいざかがくもんじょ）が幕府の直轄となる

ゴロ いいな 泣くな，幕府の直轄だから安泰（1797）

▶寛政異学の禁の7**年後**，**昌平坂学問所**は**幕府の直轄**となります。朱子学以外の儒学を教えることを禁じる代わりに，幕府の直轄下にするわけです。やがて，朱子学はだんだん官学化していきました。

6年後

★

1798年 近藤重蔵（こんどうじゅうぞう）が択捉島（えとろふとう）を探査

ゴロ 日本人，択捉にいなくはない（1798）

▶ラクスマンが来航した6**年後**，幕府は**近藤重蔵**・**最上徳内**（もがみとくない）に**択捉島**を探査させます。その際，択捉島に「大日本恵登呂府」の標柱を立てさせました。

18世紀【江戸時代】

19世紀

★★

年号	1804年	レザノフ，長崎に来航
ゴロ		ロシアの人は(18) お呼(04)びでない
解説		▶ラクスマン来航から干支が一回りした12年後に，**レザノフ**が**長崎**に来航します。レザノフはラクスマンが持ち帰った長崎の入港許可書を携えて通商を要求してきますが，幕府に入港を拒絶されます。怒ったレザノフは対馬などを襲撃しました。日露関係は**6年周期**で大事件が起こるのです。

4年後

★

1808年　フェートン号事件

ゴロ　違反を(180) ば(8)んばん イギリス船

▶レザノフの長崎来港に続き，**4年後**，**イギリス**船の長崎侵入事件が起こります。その際，薪水（しんすい）や食料を強奪して退去していきました。

同年

★

1808年　間宮林蔵（まみやりんぞう），樺太（からふと）を探査

▶フェートン号事件が起こったのと**同じ年**に**間宮林蔵**は**樺太**を**探査**し，樺太が島であることを発見します。樺太とユーラシア大陸との間の海峡は**シーボルト**によって**間宮海峡**と名付けられました。

★★

年号	1825年	異国船打払令（いこくせんうちはらいれい）
ゴロ		嫌にご(1825)ういん 打ち払い
解説		▶イギリス船やアメリカ船が頻繁に日本近海に出没したため，幕府は清とオランダ以外の外国船を撃退するよう命じました。

★

1828年 シーボルト事件

ゴロ 地図の持ち出し，一夜にはっかく（発覚）

▶**シーボルト**（右図）が帰国の際，持ち出し禁止であった**日本地図**を持っていたため，**国外追放**の処分を受けた事件です。このとき，地図を手渡した天文方の**高橋景保**（たかはしかげやす）も処罰されました。高橋景保は**伊能忠敬**（いのうただたか）の師匠として，伊能忠敬の地図作成に協力した人物です。

★

1833年 天保の飢饉（てんぽうのききん）

ゴロ 人は散々，天保の飢饉

▶収穫が例年の半分以下となり，厳しい**飢饉**が起こります。この飢饉に対して幕府や諸藩は無策であったため，人々の怒りは頂点に達し，**百姓一揆**が激増しました。

3年後

★

1836年 郡内一揆（ぐんないいっき），加茂（かも）一揆

▶天保の飢饉で一番被害があったのが，**3年後**の1836年でした。その年には甲斐の国の**郡内**や三河国の**加茂**などで一揆が頻発しました。

1年後

★★★

年号 1837年 大塩の乱（おおしおのらん）

ゴロ 嫌味な大坂町奉行

解説 ▶そして郡内一揆の**1年後**，ついに，幕府に対する反発は大坂で起こります。大坂町奉行所の元与力で陽明学者（ようめい）の**大塩平八郎**（へいはちろう）が，貧民救済のため武装蜂起をします。この反乱は半日で鎮圧されますが，幕府の元役人が幕府に対して武力で反発したことは大きな衝撃を与えました。

同年

19世紀【江戸時代】

★

1837年 生田万の乱

▶大塩の乱の影響は各地に及びます。**同年**，越後では国学者の**生田万**が「**大塩門弟**」と称して越後柏崎の桑名藩の陣屋を襲撃しました。

同年

★★

年号 1837年 モリソン号事件

ゴロ 人は皆打ち払え（1 8 37）

解説 ▶大塩の乱とたまたま**同じ年**ですが，アメリカの船が日本人漂流民を送り届けるため，浦賀に来航する事件が起こります。アメリカは日本との通商を要求しますが幕府は**異国船打払令**にもとづいてこれを撃退します。

1年後

1838年 渡辺崋山『慎機論』，高野長英『戊戌夢物語』を著す

▶日本人漂流民を送り届けたアメリカ船を打ち払ったことに対して，蘭学者であった**渡辺崋山**と**高野長英**は書物を著して幕府の対外政策を批判します。大塩の乱の1**年後**に起こります。この頃には幕府の政策に対して，公然と批判する勢力が生まれていたのです。

1年後

★★

1839年 蛮社の獄

▶幕府の対外政策の批判に対して，1**年後**江戸幕府は渡辺崋山と高野長英の2人を処罰しました。

1年後

★★

1840年 アヘン戦争

ゴロ イギリスの 人はしれっと アヘン取引（1 8 4 0）

▶イギリスの**アヘン密輸問題**がきっかけでイギリスと清との間で**戦争**が起こります。この戦争は清の敗北に終わります。

★★

年号 1841年 天保の改革

ゴロ 1841 人は良いのに 弾圧改革

解説 ▶江戸時代の三大改革の最後である**天保の改革**は，老中**水野忠邦**の下で行なわれた幕政改革です。水野忠邦は厳しい政策を立て続けに行なったため，わずか2年で失脚することになりますが，地元では名君として評価が非常に高い人物でもあります。

同年

★★

1841年 株仲間の解散令

なぜ？ ▶**天保の改革を始めた年**，水野忠邦（右図）が最初に取り組んだのが物価対策でした。物価が高騰したため幕府の財政が苦しかったためです。水野忠邦は物価高騰の原因を株仲間による商品流通の独占と考え，**株仲間の解散**を命じました。

しかし実際の物価高騰の原因は，生産地からの商品流通量の減少によるものでした。株仲間の解散により商品流通量の減少は加速したため，物価はさらに高騰するという皮肉な結果になりました。

※これ以降，時代区分は「近代」になります。

2年後

★

1842年 アヘン戦争終結 → 南京条約

▶**アヘン戦争の2年後**，清国はイギリスに敗れ，**南京条約**を結びます。南京条約により，清国はイギリスに香港を割譲し，開国を余儀なくされます。

COLUMN—3 近世のあらすじ

1543年，ポルトガルから日本の種子島に鉄砲が伝来する。群雄割拠の戦国時代の中，この強力な新兵器を大量に用いた戦法で一気に頭角を現した戦国大名が，尾張の**織田信長**であった。「天下布武（全国統一)」をめざした信長は，強敵を次々と打ち破って近畿・東海・北陸地方を支配下に入れると，将軍足利義昭も京都から追放して室町幕府を滅ぼした。こうして**安土桃山時代**の幕が開くが，信長の独裁的な政治手法は，身内にも様々な不満を生み出していた。天下統一を目前にした毛利氏征討の途中，信長は家臣の明智光秀に急襲され，敗死する（本能寺の変)。その仇を討ったのが，信長の有力家臣，**豊臣秀吉**であった。備中高松城で信長の死を知った秀吉は，即座に京都に引き返して明智光秀を討ち，信長の後継者としての地位を確立。その後，朝廷の伝統的権威も利用しながら，四国・九州・小田原・奥州を次々と平定し，悲願の全国統一を完成させた。秀吉はさらに，中国（明）の征服をめざして二度の朝鮮出兵を行なうが，激しい抗戦にあい失敗。膨大な戦費の浪費は豊臣政権を衰退させる原因となった。

秀吉が病死すると，五大老の筆頭**徳川家康**が地位を高め，豊臣政権の存続を図る石田三成ら対抗勢力を関ヶ原の戦いで一掃。江戸に幕府を開き，**江戸時代**の幕が開ける。そして，初代将軍の家康から3代家光の頃までに，大名や朝廷・公家を統制して力を抑える法律や制度，キリスト教の普及を阻止するための「鎖国」など，徳川家が約260年にわたって日本を平和に統治する江戸幕府の基礎が固まった。しかしその後，江戸幕府は支出増や天災・飢饉などの影響で慢性的な財政難に陥る。様々な改革も失敗が続き，次第に力が弱まっていった。

そして幕末，アメリカのペリー率いる「黒船」に開国を迫られると，その近代的な軍事力に幕府は屈服し，「鎖国」が崩壊。欧米各国から不平等条約を強いられることになる。無力な幕府の弱腰対応は，下級藩士を中心に広がっていた尊王攘夷論を反幕論へと進展させた。当時有力だった薩摩藩と長州藩は，長く対立していたものの，欧米列強との戦争に敗れ攘夷の不可能を悟ると，坂本龍馬の仲介で薩長同盟を結び倒幕を決意。一方，15代将軍徳川慶喜は戦いを避けるため政権を朝廷に返上する（**大政奉還**)。まもなく，江戸幕府は滅亡し，朝廷を中心とした新政府が樹立された。

第4部 近代・現代

MODERN AGES & THE PRESENT AGE

スマホのカメラでこのコードを読み取ると，各時代の「ゴロ」の音声が再生されます。

※昭和時代は主要な出来事（ゴロ音声）の数が多いため，「戦前」と「戦後」に分けています。

【近代・現代】日本史年表（19～20世紀：西暦1842～1999年）

年代	出来事
1842	天保の薪水給与令
1843	人返しの法→上知令→水野忠邦の失脚
1844	オランダ国王の開国勧告
1846	ビッドル，浦賀に来航
1848	アメリカがメキシコからカリフォルニアを奪う
1853	**ペリー，浦賀に来航**
〃	プチャーチン，長崎に来航
1854	**日米和親条約**
1856	アロー戦争始まる→ハリス来日
1858	**日米修好通商条約**　安政の大獄
1859	アメリカなどとの貿易開始
1860	**桜田門外の変**
〃	**五品江戸廻送令**　万延小判の鋳造
1862	和宮降嫁　坂下門外の変
〃	文久の改革　**生麦事件**
1863	薩英戦争　長州藩外国船砲撃事件
〃	**八月十八日の政変**
1864	池田屋事件　禁門の変
〃	**四国艦隊下関砲撃事件**
〃	高杉晋作，長州藩の主導権を握る
1865	第2次長州征討　条約の勅許
1866	薩長連合
〃	徳川家茂の死→第2次長州征討の中止
〃	改税約書の調印
〃	15代将軍徳川慶喜の就任　孝明天皇の死
1867	倒幕の密勅　**大政奉還**
〃	王政復古の大号令　小御所会議
▼明治時代 1868	**戊辰戦争**　鳥羽伏見の戦い
〃	江戸無血開城　上野戦争
〃	**五箇条の誓文（御誓文）**
〃	**五榜の掲示**　政体書
〃	江戸を東京に改める・明治に改元・明治天皇が即位の礼を上げる・一世一元の制
〃	**神仏分離令**　廃仏毀釈運動
〃	浦上教徒弾圧事件
1869	五稜郭の戦い
	東京遷都　**版籍奉還**
〃	兵部省の設置・大村益次郎の暗殺
1870	大教宣布の詔
1871	**廃藩置県**　戸籍法　**新貨条例**
〃	田畑勝手作りの禁の解禁

年代	出来事
〃	**郵便制度**　文部省の設置
〃	日清修好条規・岩倉使節団の派遣
1872	田畑永代売買の解禁
〃	壬申地券の発行　壬申戸籍の作成
〃	**国立銀行条例**　学制公布
〃	**鉄道開通（新橋・横浜間）**
〃	徴兵告諭・陸軍省・海軍省の設置
〃	条約改正交渉解禁　琉球藩の設置
〃	太陽暦採用
1873	**地租改正条例　徴兵令**
〃	キリスト教禁教の高札撤廃
〃	日清修好条規の批准・岩倉使節団の帰国
〃	征韓論敗れる　明六社発足
1874	愛国公党の設立
〃	民撰議院設立建白書の提出
〃	佐賀の乱　立志社の設立
〃	台湾出兵　『明六雑誌』創刊
1875	大阪会議　漸次立憲政体樹立の詔
〃	元老院設置・大審院設置・地方官会議の設立
〃	讒謗律・新聞紙条例
〃	樺太・千島交換条約
〃	同志社創立
1876	日朝修好条規　小笠原諸島の領有
〃	秩禄処分・廃刀令
〃	神風連の乱・秋月の乱・萩の乱
〃	地租改正反対一揆
〃	学制反対一揆　札幌農学校創立
1877	地租2.5%に引き下げられる
〃	**西南戦争**
〃	立志社建白　東京大学開設
1878	愛国社再興　三新法
1879	教育令の制定
〃	琉球処分・琉球藩の廃止
1880	国会期成同盟の結成
〃	国会開設請願書の提出
〃	集会条例
1881	**明治十四年の政変**
〃	開拓使官有物払下げ事件
〃	国会開設の勅諭
〃	大隈重信が参議を罷免される
〃	**自由党の結成　松方財政の開始**
1882	伊藤博文の憲法調査

⬇**黒太字**＝本文内にて「太枠」で大きく表示された重要事項

年代	出来事
〃	**立憲改進党の結成**　立憲帝政党の結成
〃	東京専門学校創立　**日本銀行開業**
〃	**壬午軍乱**　福島事件
1883	伊藤博文が憲法調査から帰国
1884	**群馬事件・加波山事件・秩父事件**
〃	自由党解党　清仏戦争で清が敗北
〃	**甲申事変**
〃	制度取調局の設置／華族令制定
1885	**内閣制度発足**　日本銀行券の発行
〃	天津条約　**脱亜論**　大阪事件
1886	政府紙幣の銀兌換開始　銀本位制の開始
〃	**学校令制定／義務教育4年に**
〃	東京大学を帝国大学と改称
1887	東京音楽学校設立／東京美術学校設立
〃	**大同団結運動／三大事件建白運動／保安条例**
1888	枢密院設置／黒田清隆内閣の発足
1889	**大日本帝国憲法発布**
〃	東海道線全通
1890	**第一回帝国議会開会**
〃	教育勅語発布
1891	内村鑑三が教育勅語への拝礼を拒否
〃	大津事件
〃	足尾銅山鉱毒事件が発生
1894	**日英通商航海条約の調印**
〃	**日清戦争始まる**
1895	下関条約調印　三国干渉
1897	**金本位制の実施**
〃	労働組合期成会結成される
1899	改正条約の実施／法権回復の実現
1900	**治安警察法**　軍部大臣現役武官制
〃	義和団事件　**北清事変**
1901	北京議定書　社会民主党を結成
1902	第1次日英同盟協約締結
1903	平民新聞発刊
1904	**日露戦争**
〃	日韓議定書　第1次日韓協約
1905	第2次日英同盟協約／桂・タフト協定
〃	**ポーツマス条約**
〃	日比谷焼討ち事件
〃	第2次日韓協約
1906	**鉄道国有法**　満鉄の設立
〃	**日本社会党の結成**

年代	出来事
1907	恐慌　ハーグ密使事件
〃	第3次日韓協約
1908	戊申詔書
1909	伊藤博文，暗殺される
1910	**韓国併合条約　大逆事件**
1911	特別高等警察の設置
〃	工場法の制定　『青鞜』の創刊
〃	**日米新通商航海条約（関税自主権回復）**
〃	第3次日英同盟協約　辛亥革命
1912	**中華民国の成立　清国の滅亡**
▼大正時代	
〃	大正時代の始まり／2個師団増設問題／
〃	第一次護憲運動　友愛会の結成
1913	**大正政変**　第1次山本権兵衛内閣の成立・軍部大臣現役武官制の改正・文官任用令の改正
1914	シーメンス事件／第1次山本権兵衛内閣の退陣
1914	大隈重信内閣の成立
〃	**第一次世界大戦**
〃	青島占領／ドイツ領南洋諸島占領
1915	二十一カ条の要求
1916	工場法の実施
〃	吉野作造が民本主義を提唱する
1917	**石井・ランシング協定**
〃	ロシア革命　**金輸出禁止**
1918	**シベリア出兵　米騒動**
〃	寺内正毅内閣の退陣　**原敬内閣成立**
〃	**第一次世界大戦の終結**　黎明会
1919	**三・一独立運動**　パリ講和会議
〃	**五・四運動**　ヴェルサイユ条約調印
〃	大日本労働総同盟友愛会の結成
1920	**国際連盟成立**　戦後恐慌
〃	第1回メーデー
〃	**日本社会主義同盟結成**
〃	**新婦人協会発足**
1921	日本労働総同盟発足
〃	『種まく人』創刊　**ワシントン会議**
〃	四カ国条約に調印
1922	九カ国条約に調印
〃	ワシントン海軍軍縮条約に調印
〃	全国水平社・日本農民組合の結成
〃	日本共産党の結成
〃	治安警察法改正

▼昭和時代（戦前）

年代	出来事
1923	**関東大震災**　震災恐慌
〃	虎の門事件
1924	清浦奎吾内閣の成立
〃	婦人参政権獲得期成同盟会の結成
〃	第二次護憲運動
〃	第1次加藤高明内閣の成立
1925	普通選挙法
〃	日ソ基本条約　治安維持法
〃	ラジオ放送の開始
1927	**山東出兵　金融恐慌**
〃	台湾銀行救済緊急勅令案の否決
〃	モラトリアム
1928	パリ不戦条約　済南事件
〃	張作霖爆殺／満州某重大事件
〃	**普通選挙の実施**
〃	三・一五事件　治安維持法改正
〃	特別高等課（特高）を道府県の警察にも設置
1929	四・一六事件
〃	田中義一内閣の総辞職
〃	世界恐慌
1930	**金輸出解禁　ロンドン海軍軍縮会議**
〃	統帥権干犯問題
〃	浜口雄幸首相狙撃　**昭和恐慌**
1931	金輸出禁止　重要産業統制法
〃	**柳条湖事件　満州事変**
〃	三月事件・十月事件
1932	上海事変　満州国建国宣言
〃	五・一五事件　血盟団事件
〃	日満議定書
1933	滝川事件　**国際連盟脱退通告**
〃	ドイツでナチス政権成立
〃	塘沽停戦協定
1934	満州国帝政の実施
1935	国際連盟脱退通告が発効される
〃	**天皇機関説問題**　国体明徴声明
1936	**二・二六事件**
〃	岡田啓介内閣退陣　広田弘毅内閣の誕生
〃	軍部大臣現役武官制の復活
〃	ワシントン条約失効／ロンドン条約失効
〃	日独防共協定　西安事件
1937	盧溝橋事件　**日中戦争　南京占領**
〃	国民精神総動員運動
〃	日独伊防共協定

年代	出来事
1938	**近衛声明**　国家総動員法
〃	張鼓峰事件
1939	ノモンハン事件　独ソ不可侵条約
〃	**第二次世界大戦**
〃	日米通商航海条約廃棄通告
1940	日米通商航海条約廃棄
〃	**北部仏印進駐　日独伊三国同盟**
〃	**大政翼賛会**　大日本産業報国会
〃	南京に汪兆銘政権が誕生する
1941	**日ソ中立条約**　独ソ戦争
〃	関東軍特種演習　南部仏印進駐
〃	ハル＝ノートで日米交渉が決裂する
〃	**太平洋戦争（大東亜戦争）**
〃	治安維持法改正（予防拘禁制の採用）
〃	国民学校令公布
1942	翼賛選挙　ミッドウェー海戦
1943	学徒出陣
〃	イタリアが降伏する　カイロ会談
1944	サイパン島陥落
〃	東条英機内閣退陣　本土爆撃本格化する
1945	**東京大空襲**　アメリカが沖縄本島占領
〃	ヤルタ会談　ポツダム宣言
〃	広島・長崎に原子爆弾投下
〃	ソ連が参戦する　**ポツダム宣言受諾**
〃	東久邇宮稔彦内閣の成立
〃	降伏文書に調印　連合国軍の本土進駐
〃	東久邇宮稔彦内閣退陣
	→幣原喜重郎内閣成立
1945	**五大改革指令　新選挙法／女性参政権**
〃	日本自由党，日本進歩党，日本社会党，日本共産党の結成
〃	**労働組合法**
〃	15財閥の資産凍結・解体が命じられる
〃	農地改革指令　国際連合設立
1946	日本労働組合総同盟・全日本産業別労働組合会議結成
1946	労働関係調整法
〃	アメリカ教育使節団来日
〃	第一次農地改革／第二次農地改革
〃	持株会社整理委員会の設置
〃	極東国際軍事裁判開始　金融緊急措置令
〃	**日本国憲法公布**　公職追放令
〃	天皇の人間宣言
1947	**日本国憲法施行**　独占禁止法

▼昭和時代（戦後）

年代	出来事
〃	過度経済力集中排除法公布
〃	労働基準法／労働省設置
〃	教育基本法・学校教育法
〃	**トルーマン＝ドクトリン**
〃	マーシャルプラン　東西冷戦の始まり
〃	二・一ゼネスト中止
1948	政令201号／国家公務員法の改正
〃	教育委員会法公布　**経済安定九原則**
〃	極東国際軍事裁判判決
〃	経済安定九原則
〃	朝鮮民主主義人民共和国独立／大韓民国独立
1949	中華人民共和国の建国
〃	北大西洋条約機構
〃	**ドッジ＝ライン**
〃	単一為替レートの決定／1ドル360円に
〃	シャウプ勧告
〃	下山事件／三鷹事件／松川事件
〃	湯川秀樹ノーベル物理学賞受賞
〃	日本学術会議
〃	岩宿で旧石器文化の遺跡を確認
〃	法隆寺壁画焼損
1950	文化財保護法制定　レッドパージ
〃	**朝鮮戦争**　警察予備隊新設
〃	特需景気の始まり
〃	戦前の水準を回復
1951	**サンフランシスコ平和条約**
〃	**日米安全保障条約調印**
〃	日本社会党分裂
1952	**日本の独立　日米行政協定**
〃	血のメーデー事件
〃	破壊活動防止法成立／公安調査庁の設置
〃	IMF加盟／世界銀行加盟
〃	保安隊設置　日華平和条約
1953	朝鮮戦争休戦協定　内灘基地反対闘争
〃	奄美諸島返還　テレビ放送開始
1954	**MSA協定**　防衛庁発足／自衛隊発足
〃	新警察法
1955	砂川事件　日本社会党統一
〃	**保守合同　55年体制**
〃	神武景気の始まり
〃	高度経済成長の始まり
1956	もはや戦後ではない
〃	**日ソ共同宣言　国際連合加盟**

年代	出来事
1960	**日米相互協力及び安全保障条約**
〃	民主社会党結成
〃	岸信介内閣退陣　池田勇人内閣成立
〃	**所得倍増計画**
1961	農業基本法制定
1962	LT貿易
1964	IMF8条国に移行／OECD加盟
〃	**東海道新幹線開通**
〃	**東京オリンピック開催**
1965	日韓基本条約
〃	アメリカ，ベトナムの北爆を開始
1967	所得倍増の実現　公害対策基本法制定
1968	GNP資本主義国で第二位に
〃	小笠原諸島返還実現
1969	日米共同声明（沖縄1972年に返還へ）
1970	**日本万国博覧会開催**
1971	沖縄返還協定
〃	1ドル＝308円に　ドル危機
〃	新経済政策の発表
〃	ニクソン＝ショック
1972	沖縄祖国復帰実現　**日中共同声明**
1973	円の変動為替相場制移行
〃	第4次中東戦争→石油危機
1974	**戦後初のGNPマイナス成長**
1976	ロッキード事件問題化
1978	日中平和友好条約
〃	新東京国際空港開港
1983	参議院比例代表制による初の選挙
1987	JR新会社
1988	参議院選挙で与野党逆転
1989	**消費税の実施**
〃	**冷戦の終結／ベルリンの壁撤去**
1991	ソ連の消滅　湾岸戦争
1992	PKO協力法成立
〃	佐川急便事件
1993	ゼネコン汚職事件
〃	自由民主党分裂
〃	**非自民連立内閣の成立**
1994	日本社会党・さきがけ・自由民主党3党連立内閣の成立
1997	アイヌ文化振興法の成立
〃	新ガイドライン
1999	**新ガイドライン関連法**

この年表の「なぜ」と「流れ」を本編で覚えましょう➡

★

1842年 天保の薪水給与令

▶アヘン戦争で清国がイギリスに敗れ，南京条約を結んだ流れを受けて，**同年**，幕府は異国船打払令を緩和し，異国船に対して薪水を与えて引き返してもらう**薪水給与令**を出します。

⬇ 1年後

★★

1843年 人返しの法 → 上知令 → 水野忠邦の失脚

▶天保の改革の最後の年，**水野忠邦**は人々に対しても強硬な手段をとります。**人返しの法**（人返し令）は，江戸に流入した農民に対して強制的に農村に戻るよう命じたものです。また，**上知令**は江戸と大坂周辺の土地をむりやり幕府の土地にしようとしたものです。

替地を命じられた老中･土井利位ほか大名，旗本の反対で上知令は実施できず失敗に終わり，水野忠邦は**失脚**します。そのため，これらの出来事がすべて**同じ年**になります。

★

1844年 オランダ国王の開国勧告

▶アヘン戦争が終結した2**年後**，**オランダ**は幕府に対して**開国**を**勧告**します。しかし，幕府は開国勧告を受けても，1**年後**鎖国を理由に拒絶しました。

⬇ 2年後

★

1846年 ビッドル，浦賀に来航

▶オランダ国王の開国勧告の2**年後**，アメリカ東インド艦隊司令長官の**ビッドル**が**浦賀**に**来航**し，通商を要求します。

⬇ 2年後

1848年 アメリカがメキシコからカリフォルニアを奪う

▶ビッドルが来航した2**年後**，**アメリカ**は**メキシコ**から**カリフォルニア**を奪います。この結果，アメリカはアメリカ大陸の太平洋側を手に入れることとなり，清国との貿易の寄港地として日本の開国を必要とするようになりました。

★★★

年号	1853年	ペリー，浦賀に来航
ゴロ	幕府の人は誤算（1853），ペリーの来航	

解説

▶今までのアメリカ船とは異なり，**ペリー**はアメリカ大統領フィルモアの国書を携えて来日します。幕府はペリーの圧力に押され国書を受け取ってしまいます。国書を受け取ることは交渉のテーブルにつくことを意味するので，この対応は幕府にとって大きな誤算となりました。そして**15年後**に江戸時代は幕を閉じ，明治時代になってしまうのです。

同年

★★★

1853年　プチャーチン，長崎に来航

▶**同じ年**に，ロシアの**プチャーチン**が**長崎**に**来航**します。アメリカはモリソン号事件から浦賀に来航し続け，ロシアはレザノフの頃から長崎に来航し続けます。

➡**49年前**（1804年），**レザノフ，長崎に来航**（☞P.126）

1年後

★★★

年号	1854年	日米和親条約（にちべいわしんじょうやく）
ゴロ	いやごしょうだく（承諾）開国を（1854）	

解説

▶ペリー来航の**1年後**，日本はいよいよ**開国**に踏み切ります。**日米和親条約**を皮切りに，イギリス・オランダ・ロシアと同様の条約を締結しました。

2年後

★

1856年　アロー戦争始まる → ハリス来日

▶日本の開国を実現させた**2年後**，アメリカが次に要求したのは通商条約の締結でした。その際，**下田**（しもだ）に駐在する初代アメリカ総領事として派遣されたのが**ハリス**です。ハリスは通商条約締結にこぎつけるため，当時清国で起こっていた**アロー戦争**を引き合いに出し，イギリス・フランスの脅威を説きました。

2年後

★★★

年号	1858年	日米修好通商条約
ゴロ	1 8 5 8 いやいや結んだ 通商条約	
解説	▶ハリス来日の**2年後**，ついに**日米修好通商条約**が締結されます。よって，**神奈川**・**長崎**・**新潟**・**兵庫**で開港，**江戸**・**大坂**で開市されました。 ※また日本は，アメリカに続いて**イギリス・フランス・オランダ・ロシア**とも類似の条約を締結するのです。これらの条約を総称して，**安政の五カ国条約**と言います。	

同年

★

1858年 安政の大獄

なぜ？▶日米通商条約締結と**同じ年**に，通商条約を締結した大老**井伊直弼**は**安政の大獄**を断行します。攘夷派であった**吉田松陰**（右上図）らを処刑しました。井伊直弼の専制に反対する公家や大名などを処罰する目的がありましたが，このことは幕府に対して庶民から大きな反発を招くこととなります。

1年後

★★

1859年 アメリカなどとの貿易開始

▶通商条約締結の**1年後**，日本は**アメリカ**などとの貿易を開始します。**箱館（函館）**・**長崎**・**横浜**で貿易が始まります。日本最大の輸出品は生糸で，1909年には世界一の生糸輸出国となりました。

2年後

★★

年号	1860年	桜田門外の変
ゴロ	1 8 6 0 井伊や(殺)ろーと 桜田門	
解説	▶安政の大獄の**2年後**，安政の大獄を断行した井伊直弼が，水戸浪士らによって暗殺されます。これにより，幕府の権威は失墜することとなりました。	

同年

★★

年号	1860年	五品江戸廻送令
ゴロ	糸や蠟も 江戸廻送令 (1 8 60)	

解説

なぜ？ ▶貿易開始の**1年後**，貿易により物価の高騰と金貨の海外流出が生じ始めました。当時の日本製品は諸外国に比べて安価であったためどんどん海外に流出し，国内で品不足が発生したのです。

そこで幕府は，物価の高騰を抑え流通機構の再編をすることを目的に**五品江戸廻送令**を出します。**雑穀**・**水油**・**蠟**・**呉服**・**生糸**は，**江戸**を経由して開港場に送るように命じますが，在郷商人や外国の反対もあってうまくいきませんでした。

同年

★★

1860年 万延小判の鋳造

なぜ？ ▶当時日本の金は諸外国に比べて1/3程度の価値であったため，日本の金貨が大量に海外に流出します。そこで幕府は，貿易の始まった**1年後**，金の含有量を減らした**万延小判**を鋳造します。しかし，金の含有量の低い小判の鋳造は貨幣価値の下落を意味するため，更なる物価高騰を招きました。諸外国との貿易による物価高騰は，外国を排斥する攘夷運動へと発展していきます。

2年後

★★

1862年 和宮降嫁

ゴロ 人はむつ(睦)もう 公武合体 (1 8 6 2)　※むつむ【睦む】…むつまじくする。

▶桜田門外の変で井伊直弼が暗殺された後，幕府の姿勢は公武合体へと傾いていきます。その結果，**2年後**に孝明天皇の妹である**和宮**が，徳川幕府14代将軍である**徳川家茂**と結婚することとなるのです。

同年

★

1862年 坂下門外の変

▶和宮降嫁の**同年**，この公武合体の動きに反発する人々が，公武合体の中心となっていた老中**安藤信正**を襲撃します。それが**坂下門外の変**です。

同年

★

1862年 文久の改革

▶坂下門外の変の直後（**同年**），朝廷と幕府双方とつながりのある薩摩藩の藩主･島津忠義の父，**島津久光**が動きます。島津久光は勅使を奉じて江戸に行き，幕政改革を要求します。その結果，実現したのが**文久の改革**です。参勤交代の緩和，西洋式軍制の利用などを行ないました。

※文久の改革では，越前藩主松平慶永を政事総裁職に，会津藩主松平容保を京都守護職に，徳川斉昭の子である徳川慶喜を将軍後見職に任命するなど改革派を登用します。

同年

★★

年号 1862年 生麦事件

ゴロ

1 8 6 2

いや，ろくに話さず 英人殺傷

解説

▶文久の改革と**同じ年**，島津久光が江戸から帰る途中の大名行列を横切ろうとしたイギリス人を，列を乱したとして殺傷した事件が起きました。これを**生麦事件**と言います。

1年後

★★

1863年 薩英戦争

▶生麦事件の報復として，**1年後**に起こるのが**薩英戦争**です。イギリス軍艦が鹿児島湾に来航し，交戦します。お互いの被害はかなり大きく講和が成立しますが，この事件を機に，薩摩藩は攘夷が不可能であることを悟り，講和後にイギリスと接近します。

同年

★

1863年 長州藩外国船砲撃事件

▶薩英戦争が起こった**同年**，**長州藩**は一方で急進派の公家と組んで攘夷の決行を幕府に迫ります。幕府はやむなくこの要求をのみ，5月10日に攘夷を決行するよう朝命を出します。攘夷決行の朝命を受け，長州藩は下関を通る**外国船**に**攻撃**を行ないます。この結果，長州藩は薩摩藩同様，**1年後**に外国からの報復を受けることとなるのです。

同年

★★

年号	1863年	八月十八日の政変（はちがつじゅうはちにちのせいへん）
ゴロ	長州の 人は無惨（1863）に 京都追放	
解説	▶長州藩の動きを抑えるため，幕府は**八月十八日の政変**を起こします。これは長州藩と急進派の公家を京都から追放する政変です。	

↓ 1年後

★

1864年	池田屋事件（いけだやじけん）
▶八月十八日の政変の**1年後**，尊王（そんのう）攘夷派は京都に潜伏して反発の機会をうかがい，幕府は京都守護職の指揮下にあった**新選組**（しんせんぐみ）を使って尊王攘夷派の殺傷を行ないました。	

‖ 同年

★

1864年	禁門の変（きんもんのへん）
▶**池田屋事件**に反発した**同年**，長州藩が京都に攻め登ったのが**禁門の変**です。薩摩・会津・桑名（くわな）の藩兵と戦い，長州藩は敗れて撤退します。また，禁門の変に対する制裁措置が**第1次長州征討**（ちょうしゅうせいとう）で，これも禁門の変と**同じ年**に起こりました。	

‖ 同年

★★

→ 1年後

年号	1864年	四国艦隊下関砲撃事件（しこくかんたいしものせきほうげきじけん）
ゴロ	いや無視（1864）できぬ 長州藩	
解説	▶**前年**の長州藩外国船砲撃事件に対する報復が，**四国艦隊下関砲撃事件**です。この事件をきっかけに，長州藩も攘夷は不可能と悟ります。	

‖ 同年

19 世紀【江戸時代】

1864年　高杉晋作，長州藩の主導権を握る

▶攘夷が不可能と悟った長州藩は，**同年**幕府に対して恭順の態度をとります。しかし，これに反発するのが**高杉晋作**や**桂小五郎**です。高杉晋作は，奇兵隊を率いて長州藩の主導権を得て軍事力の強化を進めます。

↓ 1年後

1865年　第2次長州征討

▶長州藩の実権を高杉晋作らが握ることによって，長州藩は再び幕府に反発する態度を取るようになります。そこで幕府は**1年後**，**第2次長州征討**を表明します。しかし，この頃から薩摩藩はひそかに長州藩を支持する態度をとったため，第2次長州征討はうまくいきませんでした。

★

1865年　条約の勅許

ゴロ　いやむごい（1865）　条約勅許

なぜ？ ▶1863年の薩英戦争と1864年の四国艦隊下関砲撃事件で，攘夷の不可能を悟った朝廷側はついに**1年後**，**条約の勅許**を出すこととなります。

★★★

年号　1866年　薩長連合

ゴロ　倒幕を 一つやろう（1866） 無論同盟

解説　▶第2次長州征討が宣言された**1年後**，ひそかに長州藩を支持する立場に立っていた薩摩藩は，土佐藩出身の**坂本龍馬**らの仲介で長州藩と軍事同盟の密約を結びます。

‖ 同年

★

1866年　徳川家茂の死 → 第2次長州征討の中止

▶**薩長連合**が結ばれた結果，第2次長州征討は幕府にとって不利な展開となります。**同年**14代将軍**徳川家茂**が大坂城で急死し，第2次長州征討は中止されることとなります。

同年

★★

1866年　改税約書の調印

▶条約の勅許を勝ち取った諸外国は，**1年後**に**改税約書**を**調印**し，貿易上の不平等を拡大させます。安政の五カ国条約で定めた関税（平均20%の従価税）から諸外国に有利な一律5%の従量税に改め，その他にも自由貿易を妨げる諸制限が撤退されました。これが倒幕への大きな引き金となるのです。

★★

年号　1866年　15代将軍徳川慶喜の就任

ゴロ　ひとつやろうと 無理な改革（1 8 6 6）

解説　▶14代将軍家茂の死後，**15代将軍**に**就任**するのが**徳川慶喜**です。徳川慶喜はフランスの援助のもと幕府の立て直しに努めましたが，慶喜が幕府権力の強化を図ったため，倒幕への動きが一気に加速することとなるのです。

★

1866年　孝明天皇の死

▶14代将軍家茂が亡くなったのと**同じ年**に，公武合体を推進していた**孝明天皇**が急死します。孝明天皇は公武合体の立場を取っていたため，倒幕派は動くことが出来ませんでしたが，孝明天皇が亡くなることによって，倒幕への動きはさらに加速していくこととなります。

1年後

★★
1867年　倒幕の密勅

▶薩長連合が結ばれた後に孝明天皇が亡くなって15代将軍に徳川慶喜が就任した**1年後**，薩摩藩と長州藩は武力倒幕を決意します。公家の**岩倉具視**は明治天皇から**倒幕の密勅**を手に入れます。

同年

★★★
年号　1867年　大政奉還

ゴロ　いや～（18）むなしい（67）大政奉還

解説　なぜ？▶倒幕の密勅に対してあくまでも公武合体の立場をとる土佐藩は，後藤象二郎と坂本龍馬が前藩主の**山内豊信**を通して，徳川慶喜に対して朝廷への政権の返還を勧めます。これが**大政奉還**です。大政奉還は江戸幕府の滅亡ではなく，あくまでも政権を一時的に朝廷に返上することによって，倒幕の機先を制する目的がありました。

同年

★★★
1867年　王政復古の大号令

なぜ？▶倒幕の機先を制せられた倒幕派は，**同年**12月9日に**王政復古の大号令**を出します。これは**摂政**・**関白**・**幕府**の廃止を宣言して，天皇を中心とする**新政権の樹立**を掲げた内容のものでした。これによって江戸幕府は復活できないこととなり，江戸幕府は**滅亡**することになりました。

同年

★★
1867年　小御所会議

▶王政復古の大号令が出された**当日の夜**，**小御所会議**が開かれ，徳川慶喜に対して内大臣の辞退と朝廷の領地の一部返上を命じる処分（**辞官納地**）を下します。これに反発した徳川慶喜は，新政府と対決する姿勢を見せます。そして**1年後**，**戊辰戦争**が始まるのです。

【明治時代】

★★

年号	1868年	戊辰(ぼしん)戦争
ゴロ	人はんぱつ(反発)して 戊辰戦争 (1868)	
解説	▶王政復古の大号令が出された**1年後**，新政府と旧幕府勢力との戦いである**戊辰戦争**が始まります。この年は，明治時代の**最初の年**（1868年）でもあります。	

同年

★

1868年 鳥羽(とば)・伏見(ふしみ)の戦い

▶戊辰戦争での最初の戦いを，**鳥羽・伏見の戦い**と言います。徳川慶喜（右図）の辞官納地の処置に憤りを覚えた大坂の幕府の兵が，鳥羽・伏見で薩長の兵と交戦し敗北した戦いです。

同年

★

1868年 江戸無血開城(えどむけつかいじょう)

なぜ？ ▶鳥羽・伏見の戦いに勝利した新政府軍は，江戸に乗り込みます。その際，幕府側の**勝海舟**(かつかいしゅう)と新政府側の**西郷隆盛**(さいごうたかもり)が会見を行ない，幕府は江戸城の明け渡しを決定しました。そのため，戊辰戦争と**同じ年**に**江戸無血開城**となったのです。

同年

1868年 上野戦争(うえのせんそう)

なぜ？ ▶江戸無血開城が決まった一方，**同年**に江戸ではそれに反発する幕府側の人物を中心とした争いが起こります。これを**上野戦争**と言います。上野戦争に敗北した旧幕府軍は劣勢に追い込まれます。

同年

★★★

年号 1868年 五箇条の誓文（御誓文）

ゴロ 18 68
いや，論は正しい 御誓文

解説 ▶明治時代の始まりの年の1868年に，明治政府は基本方針である**五箇条の誓文**を掲げます。公議世論，開国和親などを明治政府の基本方針とします。
➡**1年後**（1869年），**版籍奉還**（☞P.148）

同年

★★

年号 1868年 五榜の掲示

ゴロ 186 8
五榜の掲示で庶民に対していばろ～や

解説 ▶基本方針を定めた明治政府は**翌日**，民衆に対して**五榜の掲示**をします。儒教的内容が中心で強訴やキリスト教を禁止するなど，江戸幕府の民衆政策をほぼ引き継いだものでした。

同年

★

1868年 政体書

▶基本方針を定めた明治政府は，**同年**五箇条の誓文にもとづき**政体書**を制定し，政府の組織を整えます。国家権力を中央政府の太政官に集め，アメリカを模倣した三権分立制を取り入れるなどの方針を定めますが，実際は形式的なものに過ぎませんでした。

同年

★★

1868年 江戸を東京に改める・明治に改元・明治天皇が即位の礼を上げる・一世一元の制

なぜ？ ▶政治体制を整えた明治政府は**同年**，江戸幕府のイメージを一掃するため，江戸という地名を**東京**に改めます。さらに年号を**明治**と**改元**し，**明治天皇**が**即位の礼**をあげます。その際，一人の天皇の治世は原則一つの元号とする**一世一元の制**を定めました。これは制度で法制化されていませんでしたが，1979年に元号法として法制化されます。

同年

★★

年号	1868年	神仏分離令

ゴロ いや，むやみな 分離令（1 8 6 8）

解説 ▶明治政府は神道を国教化する方針をうち出します。その際，古代から行なわれていた神仏習合を禁じる**神仏分離令**を出すのです。

➡**2年後**（1870年），**大教宣布の詔**（☞P.148）

同年

★

1868年 廃仏毀釈運動

▶神仏分離令が出されると，**同年**全国にわたって仏教排斥運動が起こります。仏像やお堂，経典といったものが廃棄されてしまう運動です。

同年

★

1868年 浦上教徒弾圧事件

▶神道国教化の政策を取った明治政府は，**同年**長崎の**浦上**のキリスト教信徒を捕らえ流罪にします（**浦上崩れ**）。諸外国からの抗議などにより捕らえられたキリスト教信徒は，1873年に釈放されます。

★★

1869年 五稜郭の戦い

▶戊辰戦争，最後の戦いが箱館（函館）の**五稜郭の戦い**です。この戦いだけ1868年ではなく**1年後**の1869年になります。幕臣であった**榎本武揚**が五稜郭に立てこもって戦います。このとき，新選組副長であった**土方歳三**も戦死します。これによって，旧幕府軍と新政府との戦いが終わりました。

同年

★

1年後

1869年 東京遷都

▶1868年の江戸開城の後，江戸を東京と改称しました。**1年後**には人心一新，新政周知のため，明治政府は京都から**東京**に**遷都**したのです。

★★

年号 1869年 版籍奉還（はんせきほうかん）

ゴロ 人はろく（1869）に変えられないよ 版籍奉還

解説 ▶明治時代が始まった**1年後**の1869年，明治政府は地方組織の整備に着手します。その手始めとして行なわれたのが**版籍奉還**です。

※土地（＝版）と人々（＝籍）を天皇に返すという意味ですが，藩の支配は旧大名が知藩事になって行なうという形であったため，江戸幕府と何ら変わりない状況が続きました。

★

1869年 兵部省（ひょうぶ）の設置・大村益次郎（おおむらますじろう）の暗殺

ゴロ 大村ほどの 人はろく（1869）に 変えられない

なぜ？ ▶1869年に新政府の兵部大輔となり近代的な軍隊を作る準備を進めていた**大村益次郎**が反対派に暗殺されました。そのため，明治政府の軍事制度改革は遅れ1872年からスタートすることとなります。

★

1870年 大教宣布（たいきょうせんぷ）の詔（みことのり）

▶宗教の側面から国民意識を統一しようとして神道国教化推進政策を打ち出した**2年後**，明治天皇は**大教宣布の詔**を出します。しかし神道国教化は徹底されず，中途半端な状態で終わってしまいます。

➡**3年後**（1873年），**キリスト教禁教の高札撤廃**（☞P.153）

2年後

★★

年号 1871年 廃藩置県（はいはんちけん）

ゴロ 人はない（1871）から 県令派遣

解説 **なぜ？** ▶廃藩置県が行なわれた1871年から，**明治政府**は**近代化**のための様々な政策を始めます。そこで明治政府は藩を廃止して県を置くという**廃藩置県**を断行し，各県には中央政府から派遣された**県令**（けんれい）が置かれることとなりました。これを機に明治政府は地方を掌握し，様々な政策に着手していくようになりました。

※黒船来航から廃藩置県，または西南戦争に至るまでの激動の時代を総称して，明治維新と呼ばれます。

同年

1871年 戸籍法

▶1871年より着手された改革の一つが**戸籍法**です。封建的身分制度も撤廃され，士農工商（四民）は**華族**・**士族**・**平民**の三族籍に再編されました。

➡1年後（1872年），**壬申戸籍の作成**（☞P.150）

★★

1871年 新貨条例

ゴロ　**両・分・朱とは言わないで**

解説　なぜ？▶明治政府は新しい貨幣の単位を定めます。それを定めた条例が**新貨条例**です。従来の**両**・**分**・**朱**の貨幣単位から**円**・**銭**・**厘**に変わります。従来の両・分・朱の貨幣単位は4進法でしたが，これでは海外との貿易で非常に不便であったため，諸外国と同様に十進法の貨幣単位に変えたのです。

➡1年後（1872年），**国立銀行条例**（☞P.151）

同年

★

1871年 田畑勝手作りの禁の解禁

▶新しい貨幣制度を構築した明治政府は，**同年**より新しい税制確立に向けて動き出します。具体的には土地に価格をつけて，その価格に応じた税金を徴収するというシステムです。これまで田畑に作付する作物は幕府や藩が制限していましたが，その制約をなくしていきます。まず行なわれたのが1643年に出された**田畑勝手作りの禁**の解禁でした。

➡1年後（1872年），**田畑永代売買の解禁**（☞P.150）

★★

1871年 郵便制度

ゴロ　**飛脚と言わないで！ 郵便さ**

▶1871年より明治政府は，近代化のために政策を推し進めていきます。そのうちの一つが**郵便制度**です。**前島密**によって始められた，飛脚に替わる全国均一の郵便制度が1871年にスタートしました。

同年

1871年　文部省の設置

▶1871年になると，明治政府は学校制度の改革にも着手し**文部省**を設置します。特に小学校教育の普及に力を入れ，男女等しく学ばせる国民皆学教育を目指しました。

同年

★★

1871年　日清修好条規・岩倉使節団の派遣

▶1870年代になると，明治政府は国内への様々な政策と同時に新しい外交政策に着手します。1871年に行なわれたのが，清との条約である**日清修好条規**と**岩倉使節団派遣**です。日清修好条規は相互に開港して，領事裁判権を認め合うことなどを定めた対等な条約でした。

➡**1年後**（1872年），**条約改正交渉解禁**（☞P.152）

➡**2年後**（1873年），**日清修好条規の批准・岩倉使節団の帰国**（☞P.153）

1872年　田畑永代売買の解禁

▶作付制限を解除した**1年後**，いよいよ明治政府は田畑を売ってよいと禁を解きました。そうすることで田畑に価格を設定することができるようになるのです。また，田畑につけられた価格を**地価**と言います。

同年

1872年　壬申地券の発行

なぜ?▶田畑永代売買が解禁されたのと**同じ年**に地価が決定され，その地価が表示された地券が発行されます。1872年は壬申の年なので，この年に発行された地券を**壬申地券**と言います。**同じ年**につくられた戸籍に**壬申戸籍**があります。

同年

1872年　壬申戸籍の作成

▶戸籍法にもとづいて**1年後**に作成されるのが**壬申戸籍**です。最初の近代的戸籍ですが，**華族**・**士族**・**平民**という新たな族籍にもとづく戸籍編成が行なわれました。しかし，族籍が導入されたことにより，身分差別が残るなどの問題も多くありました。

★★

年号	1872年	国立銀行条例

ゴロ
1872
いやなに 貨幣は民間で

解説
なぜ？▶新しい貨幣単位を定めた明治政府は，1年後に金や銀に交換できる兌換紙幣を発行するため**国立銀行条例**を発令します。明治政府には兌換紙幣を発行できる金や銀の余裕がなかったので，民間の力で兌換銀行券を発行しようとしました。

※国立銀行とは国の銀行ではなく，兌換銀行券を発行できる民間銀行のことです。

1年後

★★

1872年 学制

ゴロ いや，なにはともあれ 学校行こう！

▶文部省を設置した1**年後**，近代的な学校制度が始まります。**フランス**流の学校制度となり，大学区・中学区・小学区が設置されました。

★★

1872年 鉄道開通（新橋・横浜間）

ゴロ いや何？ 鉄の塊 走ってる！

▶当時，鉄道に関する知識に乏しかった日本は，**鉄道を開通**させるにあたって，技術が進んでいたイギリスから鉄道技師であるモレルを招きました。そしてモレルによる指揮のもと，新橋駅と横浜駅間に鉄道が敷設されることとなり，「**陸蒸気**」として人気を博しました。

1872年 徴兵告諭・陸軍省・海軍省の設置

▶明治政府の様々な政策は1871年から動き出しますが，軍事制度に関しては1年遅れます。1872年に，徴兵令を出すことの宣言である**徴兵告諭**を出し，全国民の男子で満20歳に達した者は兵士になるような指示が出されました。また律令体制当時の兵部省にかわって，近代的な**陸軍省**と**海軍省**の設置を行ないます。

➡**1年後**（1873年），**徴兵令**（☞P.153）

同年

★
1872年　条約改正交渉解禁

なぜ？▶岩倉使節団が1871年に派遣された理由は，**1年後**から欧米との**条約改正交渉**が**解禁**されることでした。明治政府は条約改正交渉が解禁されたらすぐに条約改正の交渉を始めようと考えましたが，欧米を訪れたことがある岩倉使節団は，条約改正のためには法整備などの近代化が必要と痛感し，交渉は失敗に終わってしまいました。その後，目的を条約改正から欧米視察へと変更したのです。

➡**7年後**（1879年），**琉球処分，琉球藩の廃止**（☞P.161）

同年

★
1872年　琉球藩の設置

ゴロ　**いや，何事ごともなく 琉球藩に**

▶**前年**の廃藩置県によって，藩はすべて廃止されました。しかし琉球王国は事情が違います。琉球王国は**1872**年に琉球藩に編入されることとなり，琉球国王の**尚泰**は藩王となりました。このイレギュラーな措置に対して，清国政府は反発をします。琉球藩は**7年後**に**沖縄県**となります。

同年

★
1872年　太陽暦採用

ゴロ　**いや何？ 暦まで変わるのか！**

▶**太陽暦**を取り入れ，1日を24時間，7日間を1週間とし，休日と祝日を設定しました。1872年12月3日を1873年1月1日として，その日から太陽暦を採用しました。これまでの太陰暦は月の一連の満ち欠けの状態によって決められていたので，徐々に季節と日にズレが生ずることからあまり安定していませんでした。

★★

年号	1873年	地租改正条例
ゴロ	嫌な3％ 地租改正	

解説

▶地券を発行した1年後に，**地租改正条例**が出されます。地券に記された地価の**3**%を地租として，現金で納入する制度です。田畑を耕している人ではなく，地券を所有している土地所有者に課税しました。しかし，農民の負担は軽減されなかったので人々の不満は高まりました。

➡**230年前**（1643年），**田畑永代売買の禁令**（☞P.112）

➡**200年前**（1673年），**分地制限令**（☞P.112）

★★★

年号	1873年	徴兵令
ゴロ	嫌な身とはいえ 兵隊に	

解説

▶徴兵告諭の**1年後**，**徴兵令**が出されます。**国民皆兵**を原則とする兵隊制度で，満**20**歳に達した成年男子から選抜した人々を兵役に服させました。

★

1873年　キリスト教禁教の高札撤廃

▶大教宣布の詔が出されたものの，神道国教化政策が頓挫してしまった**3年後**です。このとき，欧米に配慮した日本は**キリスト教禁教の高札を撤廃**し，キリスト教に対して黙認の態度をとります。

★

1873年　日清修好条規の批准・岩倉使節団の帰国

▶1871年の外交政策の結果が出るのが**2年後**となります。**日清修好条規**は日本政府が有利な条約にしようとしたものの，対等な条約であることに不満を持ったため**批准**が**2年後**と遅れてしまいました。

また**岩倉使節団**はアメリカやヨーロッパを回って帰国するため，**2年後**の帰国となります。

★★

年号 1873年 征韓論敗れる

ゴロ
1 8 73
人は情けと 西郷下野

解説

なぜ？ ▶岩倉使節団が帰国した当時，明治政府内部では岩倉使節団のメンバー以外の参議が**征韓論**を唱えていました。しかし欧米視察により，国内の政治体制を整えることが優先事項だと考えた岩倉使節団のメンバーから征韓論は握りつぶされます。征韓論を唱えていた**西郷隆盛**らは政府を**下野**します。

★

1873年 明六社発足

ゴロ
1 8 73
人は波に乗る 西洋化

▶欧米並みの近代国家の樹立のためには，欧米の学問の吸収が必要と考えた**森有礼**，**福沢諭吉**らにより，**明六社**が**同じ年**に発足します。

1年後

★

1874年 愛国公党の設立

▶征韓論が敗れた**1年後**，征韓論を唱えていた**板垣退助**らが中心になって東京で結成したのが**愛国公党**です。日本で最初の政党でもあります。

同年

★★★

年号 1874年 民撰議院設立建白書の提出

ゴロ
1 87 4
人話し合い 民撰議院

解説

▶**同年**，愛国公党のメンバーが中心になって提出したのが**民撰議院設立建白書**です。一部の政府首脳による専制政治（有司専制）を批判し，人々の意見を取り入れるために国会を開設することを求めました。

同年

★★

1874年　佐賀の乱

▶征韓論が敗れた**1年後**，征韓論を唱えていた**江藤新平**が政府に対して反乱を起こしたのが**佐賀の乱**です。反乱は失敗し，江藤新平は処刑されます。約1万2000人が蜂起しましたが，政府軍に鎮圧されました。

同年

★★

1874年　立志社の設立

なぜ？▶佐賀の乱に江藤新平が参加したことを機に，愛国公党は解散します。**同年**，土佐に戻った**板垣退助**が**片岡健吉**らと設立した士族中心の団体が**立志社**で，民権運動の中心として活動しました。

同年

★★

1874年　台湾出兵

ゴロ　**嫌な世の中 出兵とは**

▶征韓論が敗れ，征韓論を唱えていた人たちが一斉に参議を下野した**1年後**，明治政府は最初の海外派兵を行ないます。それが**台湾出兵**です。この台湾出兵に反対して長州藩出身の参議であった**木戸孝允**が政府を下野します。西郷隆盛に続いて木戸孝允も政府を下野したことで，政府は危機感を抱きます。

★

1874年　『明六雑誌』創刊

▶明六社が結成された**1年後**に発行されたのが，明六社の機関誌である**『明六雑誌』**です。啓蒙思想の紹介と宣伝をするために刊行されました。明治**6**年に結成されたので明六社と呼ばれていますが『明六雑誌』の発刊は明治**6**年ではなく，**1年後**のこととなります。

★★

1875年　大阪会議

なぜ？▶民撰議院設立建白書が出され，**木戸孝允**が参議を下野した1年後に**大阪会議**が開かれます。明治六年の政変と台湾出兵以後の政局の行詰まりを打開するために開かれました。ここで明治政府の中心人物であった**大久保利通**は，国会開設の準備を進めるために**漸次立憲政体樹立の詔**を出すことを約束します。

同年

★★

年号　1875年　漸次立憲政体樹立の詔

ゴロ　国会開設 政府にとっては 嫌なこと（1875）

解説　▶**漸次立憲政体樹立の詔**は元老院設置，現在の最高裁判所にあたる大審院の設置，全国の府知事・県令を集めた**地方官会議の召集を定めるもの**でした。

　この結果，板垣退助・木戸孝允らは参議に復帰します。ただし，立憲政体樹立の詔には「漸次」という言葉があり，当時の政府は立憲政体の樹立に積極的でなかったことがうかがえます。

同年

★

1875年　元老院設置・大審院設置・地方官会議の設立

▶大坂会議で，立法審議期間の**元老院**と最高裁判所の**大審院の設置**，地**方長官の会議**の開催・設置が決まりました。しかし，元老院は立場が弱かったり，大審院も司法行政上の監督権はないという状況だったりと，立法権や行政権からの独立がまだ完全ではなかったようです。

同年

★

1875年　讒謗律・新聞紙条例

なぜ？▶大阪会議で板垣退助らを参議に復帰させた政府は，民権派の弾圧を行ないます。それが**讒謗律**と**新聞紙条例**です。民撰議院設立建白書の内容は，『**日新真事誌**』という新聞に掲載されたことが民権運動を盛り上げるきっかけとなったので，政府に対する批判を言ったり，新聞に記載したりすることを制限しました。

★★

1875年 樺太・千島交換条約

ゴロ
1 8 7 5
樺太放棄，嫌なことだが 我慢我慢

▶日本は，樺太の権利一切を放棄するかわりに，それまでロシア領であった千島列島を領有するという**条約**をロシアと交わしました。この30年後に日本はポーツマス条約を締結し，樺太の南半分を領有することとなります。

➡**30年後**（1905年），**ポーツマス条約**（☞P.176）

★

1875年 同志社創立

ゴロ
1 8 7 5
嫌な子いない 同志社大学

▶アメリカに密航して欧州の教育を視察し，神学を学んだ**新島襄**が**同志社**を設立しました。正式名称は同志社英学校で，キリスト教の精神による教育を行ないました。後に女学校や神学校などを設置し，1912年には同志社大学と改称します。

★★★

年号 1876年 日朝修好条規

ゴロ
1 8 7 6
嫌な論理だ 不平等

解説

なぜ？ ▶日本が朝鮮を開国させた条約が**日朝修好条規**です。この条約では**釜山**と2つの港（仁川・元山）を開港させると共に，日本の領事裁判権や関税免除を認めさせる不平等条約でした。

日朝修好条規を締結させることができたきっかけは，**前年**に起こった**江華島事件**です。江華島で日本の軍艦**雲揚**が示威行為を行なったところ，朝鮮が砲撃してきたため締結に至りました。

同年

19世紀【明治時代】

★

1876年　小笠原諸島の領有

▶**小笠原諸島の領有**も日朝修好条規と**同じ年**です。小笠原諸島が日本の領土であることを国際社会に公言したところ，これに反発する国がなかったため日本の領有となりました。戦前の小笠原諸島は内務省の管轄に置かれました。1875年から76年にかけて領土問題や日本と朝鮮との問題が次々と解決していったのです。

★★

年号　1876年　秩禄処分・廃刀令

ゴロ　1876　嫌な論理で 秩禄・刀奪われる

解説　▶**秩禄処分**とは，華族や士族に対して与えていた秩禄を全廃することです。1876年に士族の特権はすべて奪われることとなりました。また**廃刀令**は，武士の特権であった刀を取り上げることです。これに対して不満を持った士族たちは反乱を起こします。

同年

★

1876年　神風連の乱・秋月の乱・萩の乱

▶秩禄処分と廃刀令が出された**同じ年**に，**不平士族の反乱**として知られる乱が相次いで起きます。熊本では**神風連（敬神党）の乱**，福岡では**秋月の乱**，そして山口では**萩の乱**が起こります。失業させられた彼らの不満が爆発したのかもしれません。

同年

★

1876年　地租改正反対一揆

なぜ？▶地租改正条例が出された3**年後**に，**地租改正反対一揆**が全国で起こります。3**年後**に起こった理由は，この**同じ年**に不平士族の反乱が頻発したことにあります。不平士族の反乱と同調する形で地租改正反対一揆も盛り上がっていったのです。

➡**3年前**（1873年），**地租改正条例**（☞P.153）

同年

★

1876年　学制反対一揆

▶また**学制反対一揆**も，**同年**の1876年に盛り上がります。これは義務教育制度に対する反発です。これらの一揆には特権を奪われた士族が多く参加したため，このように**同じ年**に起こったと押さえておくと良いでしょう。

➡**4年前**（1872年），**学制**（☞P.151）

★

1876年　札幌農学校創立

なぜ？ ▶樺太・千島交換条約の**1年後**，アメリカ人のクラークが**札幌農学校**が開校します。樺太·千島交換条約を日本が締結した大きな理由が，開拓使を中心とした**北海道の開発**に力を注ぐためでした。北海道を効果的に開発するために作られたのが，札幌農学校です。ここではアメリカ流の大農場経営が教えられました。

★★

1年後

1877年　地租が2.5%に引き下げられる

▶地租改正反対一揆に対して，**1年後**明治政府は**地租**を**2.5%**に引き下げることで収束を測ります。

同年

★★

年号	**1877年　西南戦争**
ゴロ	西南戦争　嫌(187)な(7)ないらん(内乱)
解説	▶不平士族の反乱が起こった**1年後**に，最大規模の反乱が起こります。西郷隆盛を中心とした私学校による**西南戦争**です。最大かつ最後の士族反乱だったと言われます。西南戦争で西郷隆盛は敗れ自決しました。

同年

★
1877年 立志社建白

▶西南戦争の最中（**同年**）に提出されるのが**立志社建白**です。片岡健吉を中心に国会開設を求める意見書を天皇に提出しようとしますが，失敗に終わります。西南戦争の戦況が悪くなり，政府に対して武力で反発することの限界を感じた民権派が動き出したと言えます。

★
1877年 東京大学開設

ゴロ 一派(18) な(7)るな(7)る最高学府

▶**東京大学**は旧幕府の開成所と医学校を起源とする学校を統合して設立されました。1886年の**学校令**の公布に伴い**帝国大学**と改称し，1897年に京都に帝国大学が設立すると東京帝国大学と改称しました。

1年後

★
1878年 愛国社再興

▶立志社建白の**1年後**，**愛国社**の再興大会が大阪で開かれました。

★
1878年 三新法

ゴロ いや(18) 名ば(78)かりの 地方自治

▶地方の反乱である西南戦争を鎮圧した明治政府は，一方で民意をある程度組み入れられる地方制度改革を行ないます。**三新法**とは郡区町村編制法・府県会規則・地方税規則の3つの法律からなりたっています。

★
1879年 教育令の制定

ゴロ 厳しいこと 言わなく(1879)なった 教育令

なぜ？ ▶1872年に公布された学制は，地方の実情を無視したものだったため，1879年には町村を小学校の設置単位とする**教育令**を出します。しかし，急に放任主義的な方針に変わったため大きな混乱を招き，**1年後**に早くも改正され，教育の中央集権化を強める内容になりました。

➡**1年後**（1880年），**教育令の改正**

★

1879年　琉球処分・琉球藩の廃止

ゴロ　文句 言わなく 沖縄県に

▶琉球王国は，1872年に明治政府により琉球藩に改められていました。その琉球藩と**琉球国王の廃止**を行ない沖縄県の設置を行なったのが琉球処分です。これによって，琉球王国は日本の**沖縄県**になりました。

★

1880年　国会期成同盟の結成

ゴロ　いややれ！すぐに 国会開設

▶愛国社は，目的を国会開設に絞り込むため**片岡健吉**，**河野広中**を中心に愛国社を改称し，**国会期成同盟**を結成しました。

同年

★

1880年　国会開設請願書の提出

▶国会期成同盟が結成された年と**同じ年**に，国会期成同盟を結成した各地の政社の代表者を中心に天皇宛に**国会開設の請願書が提出**されました。しかし，政府はこれを受理しませんでした。

同年

★★

1880年　集会条例

なぜ？　▶明治政府は国会開設を求める動きを封じるため，国会開設請願書が出された**同年**，集会･結社の自由を規制し，政社の活動を制限するための弾圧法令として**集会条例**を出しました。

1年後

★★★

年号　1881年　明治十四年の政変

ゴロ　一早い 国会開設 望む声

解説　▶**明治十四年の政変**とは，**開拓使官有物払下げ事件**で世論の政府攻撃が激しくなったことを受けて出された，**国会開設の勅諭**を含む一連の政変です。

同年

★★

1881年　開拓使官有物払下げ事件

▶**明治十四年の政変**の発端となる**開拓使官有物払下げ事件**は，開拓使長官であった黒田清隆が，北海道の開拓使所属の官有物を同じ，薩摩藩出身の政商五代友厚らが関係する関西貿易社に不当に安い価格で払い下げ落とした問題です。

同年

★★

1881年　国会開設の勅諭

なぜ？▶**明治十四年の政変**の一環となる**国会開設の勅諭**は，開拓使官有物払下げ事件による世論の政府攻撃が激しくなったことを受けて出されました。これによって，1890年に国会を開設すると政府は公約しました。

同年

1881年　大隈重信が参議を罷免される

なぜ？▶**大隈重信**が開拓使官有物払下げ事件に対する世論の政府攻撃の動きに関係ありと判断されたため，大隈重信は参議を**罷免**されました。これも**明治十四年の政変**の一環となる出来事として一緒に覚えましょう。

同年

★★

年号　1881年　自由党の結成

ゴロ　1 88 1
一早い　自由党結成

解説　▶**自由党**は，国会期成同盟が中心となって結成した政党です。国会期成同盟は国会の開設を目的に作られた組織なので，国会開設が約束された結果，国会期成同盟はその役割を終え自由党へと発展していきます。

※自由党に対して立憲改進党や立憲帝政党は翌1882年に結成されました。自由党だけ一足早い（1年早い）のでこのようなゴロにしました。

★★★

1881年 松方財政の開始

同年

ゴロ
1881
一早い 財政改革 出動だ！

解説
▶大隈重信大蔵卿の罷免後に大蔵卿に就任した松方正義による財政政策を**松方財政**と言います。厳しい緊縮財政・増税・不換紙幣の消却などによってデフレーションを招きました。

➡**1年後**（1882年），**福島事件**（☞P.164）

➡**1年後**（1882年），**日本銀行開業**（☞P.164）

★

1882年 伊藤博文の憲法調査

1年後

▶国会開設の勅諭が出され1890年に国会の開設を約束した政府は，早速憲法作成の準備にかかります。そのため国会開設の勅諭が出された1**年後**，**伊藤博文**は**憲法調査**に赴きます。伊藤博文はドイツやオーストリアを中心に回り，プロシア（ドイツ）流の憲法理論を学びます。

★★

1882年 立憲改進党の結成

1年後

ゴロ

1 882
一派閥 結成するぞ 改進党

解説
▶大隈重信が参議を罷免された1**年後**，大隈重信を中心にイギリス流の議院内閣制を主張する**立憲改進党**が結成されます。

同年

★

1882年 立憲帝政党の結成

▶藩閥寄りの政党である**立憲帝政党**も，**同じ年**に結成されます。

同年

★★

1882年 東京専門学校創立

▶**同年**，大隈重信は在野的な精神を持った人物を育成する目的で**東京専門学校**を創立します。これが現在の**早稲田大学**となります。

★★

1882年 日本銀行開業

ゴロ 銀行開業 市場は にぎわう

解説

なぜ？ ▶松方財政が始まった（☞P.163）**1年後**に日本銀行が開業されます。**松方正義**はインフレーションの原因を民間の銀行である国立銀行による紙幣発行と判断したため，紙幣発行を一元化するために日本銀行を開業しました。

➡**3年後**（1885年），**日本銀行券の発行**（☞P.167）

※この1**年後**に国立銀行条例が改正され，国立銀行の紙幣発行が停止されました。

同年

★★★

1882年 壬午軍乱

ゴロ 人は恥かく 壬午軍乱

解説

▶日朝修好条規によって開国した朝鮮国内では，親日派の勢力が台頭していきます。その中心が国王の外戚であった**閔氏一族**でした。

国王の父である大院君はこれに反発して反乱を起こしますが，失敗に終わります。しかしこの後，閔氏一族は日本から離れて清国に依存するようになります。

➡**2年後**（1884年），**甲申事変**（☞P.166）

★★

1882年 福島事件

▶松方財政が始まりデフレ政策が行なわれると，米や繭の値段が下がり，農民の生活は苦しくなります。そのようななか，**1年後**より激化事件が発生していきます。激化事件の最初に起こった**福島事件**は**1年後**となります。福島事件は福島県令三島通庸に反発した自由党の**河野広中**らが起こしました。

1883年　伊藤博文が憲法調査から帰国

▶**伊藤博文**が憲法調査(☞P.163)から帰国するのは1**年後**のこととなります。ここから伊藤博文は憲法作成と国会開設のための準備に入ります。
➡1**年後**（1884年），**制度取調局の設置**／**華族令制定**（☞P.166）

★★

2年後

年号　**1884年　群馬事件・加波山事件・秩父事件**

ゴロ　**人はやし立て激化事件**（1884）

解説　▶福島事件の2**年後**，激化事件は最も激しくなります。**群馬事件**・**加波山事件**・**秩父事件**が立て続けに起こります。その中でも最も大規模なものが秩父事件です。

秩父事件は，埼玉県秩父地方で困民党と称する農民が負債の減免を求めて蜂起する事件でした。約1万人の農民が立ち上がりましたが，4000人以上が有罪になりました。

同年

★★

1884年　自由党解党

なぜ？▶これらすべてに自由党は直接関与していたわけではありませんが，このような混乱のなかで**自由党**の指導部は統制力を失い，**同年**に**解散**してしまいます。

★

1884年　清仏戦争で清が敗北

▶清仏戦争で清がフランスに敗れて，ベトナムがフランスの領土になりました。ベトナムは清の属国であったため，フランスの植民地になってしまったと考えた朝鮮の独立党の人々は，**同年**クーデタを計画します。それが**甲申事変**のきっかけとなるのです。

同年

★★★

年号	1884年	甲申事変
ゴロ	2年後も 人は はじかくよ～ 甲申事変	

解説

なぜ？ ▶清仏戦争で清が敗北したことにより，朝鮮と同様に清国の属国であったベトナムがフランスの植民地となってしまいます。

このことに危機感を抱いた**金玉均**らの親日改革派が起こしたクーデタが**甲申事変**です。しかし，このクーデタは清国軍が来援したため失敗に終わってしまいます。

1884年 制度取調局の設置／華族令制定

なぜ？ ▶伊藤博文が憲法調査から帰国（☞P.165）した**1年後**，憲法作成と国会開設の準備のために設置されたのが**制度取調局**です。伊藤博文はこの制度取調局の初代長官となります。

また，**同じ年**に**華族令**を定め，国家に功績のあった者も華族になれるようにすることで将来の貴族院の土台をつくりました。

1年後

★★★

年号	1885年	内閣制度発足
ゴロ	いや，箱は作った 内閣制度	

解説

▶いよいよ**内閣制度**が**発足**します。**初代内閣総理大臣**に就任したのは**伊藤博文**で，太政官制を廃止して内閣制度を発足しました。議会と比べ政府の権限は強く，各国務大臣は議会にではなく天皇に対してのみ責任を負うものとされました。

➡**1年後**（1886年），**学校令制定／義務教育4年に**（☞P.168）

★★

1885年　日本銀行券の発行

なぜ？ ▶日本銀行設立（☞P.164）の**3年後**，日本銀行が**日本銀行券**という紙幣を発行し始めます。日本銀行券は銀兌換紙幣，つまり銀と交換できる紙幣でした。しかし，これで日本の銀本位制が確立したわけではありません。なぜなら，政府が発行している紙幣が銀と交換できない不換紙幣だったからです。

1年後

★★

1885年　天津条約

▶甲申事変の**1年後**に日本と清国との間で結ばれた条約が**天津条約**です。これにより日清両国は朝鮮から撤退し今後朝鮮に出兵する場合は互いに事前通告することが取り決められました。

同年

★★

年号　1885年　脱亜論

ゴロ　188 嫌やと 5 ごねる 脱亜論

解説　▶「**天津条約**」で伊藤博文の軟弱な外交に**同年**，福沢諭吉が反発しました。福沢諭吉は『**時事新報**』で**脱亜論**を唱え，アジアとの連帯を脱して欧米列強の一員になるべきで，清国と朝鮮には武力で対応すべきだと主張しました。

同年

★★

1885年　大阪事件

▶この流れの中で**同年**，自由党左派の**大井憲太郎**や**景山（福田）英子**は，朝鮮半島に渡って当時の朝鮮の政権を倒そうと計画しましたが，事前に大阪で捕まり失敗に終わりました。

1年後

★

1886年　政府紙幣の銀兌換開始

▶日本銀行券が発行された**1年後**，政府が発行する紙幣も**銀兌換**が始まります。当時は日本政府も紙幣を発行していたわけです。

同年

★★

1886年　銀本位制の開始

▶銀兌換の日本銀行券が発行された**1年後**，政府は政府紙幣の銀兌換を開始します。これにより日本が発行している紙幣のすべてが銀兌換紙幣となり，日本の**銀本位制**が開始されます。

★★

年号　1886年　学校令制定／義務教育４年に

ゴロ　1 8 8 6
人はやろうよ 学校へ

解説　▶内閣制度が発足した**1年後**の1886年に，初代文部大臣である**森有礼**の下で学校令が制定されます。これにより，**尋常小学校**の4年間が義務教育と定められました。

同年

1886年　東京大学を帝国大学と改称する

▶学校令が出された**1886年**，東京大学は**帝国大学**と改められることとなりました。

1年後　　1年後

★★

1887年　東京音楽学校設立／東京美術学校設立

ゴロ　1 8 87
人は話すだけにあらず，芸術に親しむべきである

▶学校令が制定された**1年後**，**東京音楽学校**と**東京美術学校**が設立されます。のちに合併し，東京藝術大学となります。

同年

★★

年号	1887年	大同団結運動／三大事件建白運動／保安条例

ゴロ

1 8 87
人は離れよ 東京から

解説

▶民権派による反政府運動が**大同団結運動**です。そして，**井上馨**外務大臣の外交失策を機に，大同団結で集まった民権派が**三大事件建白運動**を起こしました。内容は地租の軽減，言論・集会の自由，外交失策の回復の3つからなります。

これらの運動を受けて政府は**保安条例**を出し，弾圧を図ります。民権派の人物の多くを東京から追放しました。

➡**2年前**（1885年），**内閣制度発足**（☞P.166）

1年後

★

1888年	枢密院設置／黒田清隆内閣の発足

▶大日本帝国憲法の発布を**1年後**に控えた明治政府は，**枢密院**を設置します。枢密院は憲法草案を審議にあたる機関です。枢密院初代議長には伊藤博文が就任します。伊藤博文は，枢密院議長に就任したことを機に内閣総理大臣を辞任し，第2代内閣である**黒田清隆内閣**が発足します。

1年後

★★★

年号	1889年	大日本帝国憲法発布

ゴロ

1 8 89
人は拍手の 憲法発布

解説

▶枢密院が設置された**1年後**の1889年に**大日本帝国憲法**（**欽定憲法**）が発布されます。天皇を元首とし，国民が臣民となる主権在君制です。憲法が発布されることによって国会が開設されます。

➡**1年後**（1890年），**第一回帝国議会開会**（☞P.170）

※これにより国会議員を選ぶための**衆議院議員選挙法**が同年に公布され，皇位の継承などを定めた**皇室典範**も制定されました。

★★

1889年　東海道線全通

ゴロ　1 8 89
人は拍手の 東海道線全通

▶**東海道線**が東京から神戸まで全通するのが1889年で，全長は600.2km でした。東海道線は官営の鉄道です。ただし当時は，官営鉄道よりも民営鉄道の方がキロ数が長かったので注意しましょう。

1年後

★★★

年号　1890年　第一回帝国議会開会（だいいっかいていこくぎかい）

ゴロ　1 8 9 0
人はクレーム 帝国議会

解説　▶大日本帝国憲法が発布された**1年後**，**第一回衆議院議員総選挙**が行なわれ，**第一回帝国議会が開会**されました。衆議院議員総選挙の結果は藩閥政府に反発する民党が過半数を占めたため，初会は藩閥政府に対する反発で溢れかえりました。

同年

★

1890年　教育勅語（きょういくちょくご）発布

ゴロ　1 8 9 0
人はクレーム 教育勅語

▶大日本帝国憲法が発布された**1年後**，憲法に定められた天皇を国家元首とする国家に求められる国民の育成を目的として**教育勅語**が出されました。教育勅語は正式名称は「**教育に関する勅語**」といいます。「**忠君（ちゅうくん）愛国（あいこく）**」が学校教育の基本であると強調されました。

1年後

★

1891年　内村鑑三（うちむらかんぞう）が教育勅語への拝礼を拒否

▶教育勅語が出された**1年後**，教育勅語にクレームをつけたのは**内村鑑三**です。内村鑑三は第一高等中学校での教育勅語奉読の際，教育勅語への拝礼を**拒否**したため，世の攻撃を受け教壇を追われることになりました。

★

1891年 大津事件

ゴロ 人は悔い残る 襲撃事件

▶訪日中のロシア皇太子ニコライが，巡査の津田三蔵によって斬りつけられて負傷した事件です。当時の外務大臣青木周蔵は，イギリスと条約改正交渉を進めていましたが，これにより外務大臣を辞任しました。

★

1891年 足尾銅山鉱毒事件が発生

ゴロ 人は悔い残る 公害発生

▶栃木県の**足尾銅山の鉱毒**が渡良瀬川流域の農業や漁業に深刻な被害を与えた**公害事件**です。栃木県選出の衆議院議員**田中正造**は，政府の対応に抗議するため議員を辞職し，天皇に直訴を試みました。

3年後

★★★

年号 1894年 日英通商航海条約の調印

ゴロ いや苦心の末，条約改正

解説 ▶日清戦争の開戦直前に**日英通商航海条約**は調印されたので，両者の出来事は**同じ年**になります。
➡**5年後**（1899年），**改正条約の実施**／**法権回復の実現**（☞P.172）

同年

★★★

年号 1894年 日清戦争始まる

ゴロ 日本は一躍 清敗る

解説 **なぜ?** ▶朝鮮半島で起きた民衆反乱（**甲午農民戦争**）を鎮圧するため，朝鮮政府の要請で清国軍が派遣されます。日本も在住日本人の保護などを名目に挙兵しましたが，日本と清の軍隊が衝突して**日清戦争**に発展します。日清戦争は**1年後**，日本の勝利に終わります。

91 日清戦争.

1年後

★★★

1895年　下関条約調印

▶ゴロではなく，日清戦争の**1年後**とおさえておきましょう。日清戦争は**1年後**に終結し，講和条約として**下関条約**が締結されます。

同年

★★★

1895年　三国干渉

▶ゴロではなく，下関条約と**同年**とおさえておきましょう。下関条約で日本は**台湾**と**遼東半島**と**澎湖諸島**を手に入れますが，これに対してロシアは反発をします。そこで起こしたのが**三国干渉**です。ロシアはドイツ・フランスに呼びかけ，遼東半島の返還を日本に要求します。

2年後

★★

年号	**1897年**　**金本位制の実施**
ゴロ	1897 いや苦難の道のり 金本位制
解説	▶日清戦争で日本は，清国から多額の賠償金を手に入れます。この賠償金を元手に，**2年後**導入したのが**金本位制**です。日本が発行する紙幣をすべて金兌換にする措置でした。

★

1897年　労働組合期成会結成される

ゴロ　1897 いや苦難 労働者の権利獲得

▶**労働組合期成会**はアメリカの労働運動の影響を受けた組織で，労働運動の指導を行ないました。その**3年後**に労働運動を取り締まる治安警察法が制定されたのです。

1899年　改正条約の実施／法権回復の実現

▶日英通商航海条約の発効は調印の**5年後**でした。ですから日本が法権回復を実現したのは1894年ではなく1899年となります。

★★★

3年後

年号	1900年	治安警察法
ゴロ	1 9 00 いく百 重なる 弾圧方針	

解説

なぜ? ▶**治安警察法**は，政治運動や労働運動の規制を強化するために制定された法律です。日本最初の政党内閣である第1次大隈重信内閣退陣後に成立し，第2次**山県有朋**内閣によって制定されました。1900年代の始まりは弾圧の始まりだとおさえておくのも良いでしょう。

➡**1年後**（1901年），**社会民主党を結成**（☞P.174）

同年

★★

1900年 軍部大臣現役武官制

なぜ? ▶現役の大将・中将以外は陸軍大臣・海軍大臣になれないことを明記した制度が**軍部大臣現役武官制**です。これにより，政党の影響が軍部に及ぶのを防ごうとしました。治安警察法を制定した第2次山県有朋内閣が，治安警察法と**同じ年**に定めました。

★★

1900年 義和団事件

▶日清戦争が終結し下関条約が締結された**5年後**，**義和団事件**が起こります。日清戦争が終わると列強の中国分割が始まります。日本が三国干渉で返還した遼東半島はロシアが租借することとなりました。列強の中国分割に反発した中国の人々が起こした民衆反乱が義和団事件です。

同年

★★

年号	1900年	北清事変
ゴロ	1 9 00 いく百 重なる 列強への恨み	

解説

▶義和団事件が起こると**同年**，清国政府は民衆の声に押されるようにして列強に対して宣戦布告をします。それが**北清事変**の始まりです。

1年後

20世紀

★

1901年 北京議定書

▶北清事変に対して列強は連合軍を派遣し，義和団を北京から追い払い，清国を降伏させ**1年後**に**北京議定書**を結びます。そのとき，ロシアは清国から満州の実質的な支配権を手に入れたため，日本とイギリスはロシアに対して警戒心を抱くこととなります。

★

1901年 社会民主党を結成

ゴロ **行くを言えぬ，社民党**

▶**社会民主党**は日本最初の本格的な社会主義政党です。しかし，**前年**に制定された治安警察法によって2日後に結社禁止となりました。

1年後

★★★

年号 1902年 第1次日英同盟協約締結

ゴロ **行くは にち(日)英同盟へ**

解説 ▶北京議定書が締結された**1年後**，日本とイギリスとの間に締結されたのが**日英同盟協約**です。日英同盟締結後も満州はロシアに駐兵を続けたため，日本政府はロシアとの対露交渉を進めると共に，開戦に向けて準備を進めます。

1年後

★

1903年 平民新聞発刊

なぜ？ ▶ロシアとの開戦に反発をしたのが**幸徳秋水**と**堺利彦**です。彼らは『**万朝報**』で非戦論・反戦論を唱えていましたが，『万朝報』が開戦論に転じたため，『万朝報』を退社して平民社を組織し，『**平民新聞**』を創刊します。日英同盟協約締結によって日露戦争が現実味を帯びてきたため，日英同盟協約が結ばれた**1年後**に平民新聞が発刊したわけです。

1年後

★★

年号	1904年	日露(にちろ)戦争

2年後

ゴロ 行くは死覚悟の 日露戦争 (1904)

解説

▶日英同盟協約を締結した日本は，**2年後**に**日露戦争**に突入します。アメリカ・イギリスの経済的支援を得た日本は戦局を有利に展開しました。

➡**1年後**（1905年），**ポーツマス条約**（☞P.176）

同年

★

1904年　日韓議定書(にっかんぎていしょ)

▶日露戦争の開戦をきっかけに，日本は韓国の保護を名目に韓国の国内に日本の軍隊を自由に通行できる協定を結びました。それが**日韓議定書**で，日露戦争と**同じ年**となるわけです。

同年

★★

1904年　第1次日韓協約(にっかんきょうやく)

▶また**同じ年**に日本が推薦する財政·外交顧問を，韓国政府に置くことを認めた**第1次日韓協約**を締結します。

➡**1年後**（1905年），**第2次日韓協約**（☞P.176）

1年後

★★

1905年　第2次日英同盟協約(にちえいどうめいきょうやく)**／桂**(かつら)**・タフト協定**

▶第1次日韓協約を締結した日本は ,**1年後**イギリスと**第2次日英同盟協約**を , アメリカと**桂・タフト協定**を結びます。当時二大国であったイギリスとアメリカは事実上韓国の保護国化を認めました。

同年

★★★

年号 1905年 ポーツマス条約

ゴロ
1 9 0 5
遠くおこなう ポーツマス

解説
▶開戦の**1年後**に日露戦争は終結し，アメリカのポーツマスで講和条約が結ばれます。講和条約は，日本でもロシアでもない遠いアメリカのポーツマスで行なわれました。日本はロシアから樺太の南半分や南満州鉄道などを譲り受け，韓国に対する日本の権利が認められるようになりました。

同年

★★

1905年 日比谷焼討ち事件

なぜ？ ▶ポーツマス条約には賠償金の規定がなかったため，国内では反発が起こり**日比谷焼討ち事件**が起こります。ですからこの三つの出来事は**同じ年**となるわけです。この年号も重要な年号ですがゴロではなく日露戦争の**1年後**と押さえておくとよいでしょう。

同年

★★

1905年 第2次日韓協約

▶英米が韓国の保護国化を認め，ロシアがポーツマス条約を結んだことを受けて**同年**，日本は韓国を保護国化します。その取り決めが**第2次日韓協約**です。第2次日韓協約で日本は韓国に統監府を置くことを定めます。統監府の初代統監には伊藤博文が就任しました。
➡**2年後**（1907年），**第3次日韓協約**（☞P.178）

1年後

★★★

年号 1906年 鉄道国有法

ゴロ
1 9 0 6
遠くは無理と 国有化

解説
なぜ？ ▶日露戦争終結の**1年後**，日本は軍事力強化（鉄道輸送の画一化・能率化）のため，民営鉄道を国有化します。これが**鉄道国有法**で，全国の90%の鉄道が国有化されました。

同年

1年後

★

1906年 満鉄の設立

ゴロ 遠く（1）は（9）無（0）理（6）と 満鉄設立

▶ポーツマス条約で長春以南の東清鉄道の敷設権を手に入れた日本は，**1年後**，その鉄道を経営するために**南満州鉄道株式会社**を設立します。南満州鉄道株式会社は，長春・旅順間の鉄道のほか，鉱山・製鉄業などを経営しました。

同年

★★

年号 1906年 日本社会党の結成

ゴロ 人（1）苦（9）を（0） 労（6）働運動に

解説 ▶その**5年後**に結成された社会主義政党が**日本社会党**です。日本社会党は治安警察法に違反していなかったため，即時結社禁止とはなりませんでした。

2年後

★

1907年 恐慌

なぜ？ ▶日露戦争では多額の戦費がかかりましたが，ポーツマス条約では賠償金が取れませんでした。その結果，日本は深刻な不況に陥ってしまいます。

➡**1年後**（1908年），**戊辰詔書**（☞P.178）

※経済的な影響は2年後に起こる傾向があります。日清戦争では下関条約で多額の賠償金を手に入れた2年後に金本位制を導入しました。またこの後出てくる第一次世界大戦の後の戦後恐慌も第一次世界大戦が終わって2年後に起こりました。

2年後

★

1907年 ハーグ密使事件

▶第2次日韓協約が締結された**2年後**，当時の韓国皇帝である**高宗**が，オランダのハーグで行なわれていた第2回万国平和会議に密使を送り，韓国の現状を伝えようとしましたが，列国に無視されてしまいます。

同年

1907年　第3次日韓協約

▶この韓国皇帝の行動を重く見た日本政府は，**1年後**に**第3次日韓協約**を締結して，韓国の内政権を奪います。また韓国軍も解散させ，韓国皇帝の高宗も退位させます。第1次日韓協約の**1年後**に第2次日韓協約が，第2次日韓協約の**2年後**に第3次日韓協約が，第3次日韓協約の**3年後**に韓国併合条約が結ばれました。

1908年　戊申詔書

▶恐慌が起こった**1年後**に社会混乱をいさめ，国民に対して節約と勤勉を呼びかける天皇の詔勅が出されました。それが**戊申詔書**です。

2年後　　1年後

1909年　伊藤博文，暗殺される

▶韓国の内政権を奪った**2年後**，伊藤博文がハルビンで韓国人の**安重根**（右図）によって**暗殺**されました。日本が韓国を併合した前の年とおさえておきましょう。

1年後

★★★

年号　1910年　韓国併合条約

ゴロ　ひどく言われる 日韓併合（1 9 1 0）

解説　▶伊藤博文の暗殺が引き金となって，**1年後**日本は韓国を**併合**することとなります。このとき，首都の**漢城**は**京城**と改められ，朝鮮の統治機関として**朝鮮総督府**が設置されました。

★★

年号	1910年	大逆事件
ゴロ		1910 人苦渋の 大逆事件
解説		▶社会主義者による大弾圧の**大逆事件**です。その結果全員有罪となり，**幸徳秋水**ら12名が大逆罪を適用され死刑となりました。 ➡**10年前**（1900年），**治安警察法**（☞P.173）

⬇1年後

1911年 特別高等警察の設置

▶大逆事件の**1年後**，警視庁内に**特別高等警察が設置**されます。これは社会主義運動や労働運動の取り締まりを主な目的とする思想警察です。これにより，社会主義運動は「冬の時代」を迎えることとなります。

同年

★

1911年 工場法の制定

ゴロ 1911 人食い入るように見る 工場法

▶社会主義運動の弾圧をする一方で，**同年**政府は労働者の保護立法である**工場法**を制定します。最低年齢12才・労働時間は12時間などと定めましたが，適用範囲は15人以上の工場であったり，製紙業や紡績業では例外があったりと極めて不備なものでした。

➡**5年後**（1916年），**工場法の実施**（☞P.184）

同年

1911年 『青鞜』の創刊

▶社会主義運動が冬の時代を迎える一方で，女性の解放を目指す運動が盛り上がってきます。**同年**に**平塚らいてう**が，女性解放運動などを始め，**青鞜社**という文学団体を結成し雑誌『**青鞜**』を創刊します。

★★★

年号	1911年	日米新通商航海条約（関税自主権回復）

ゴロ 対外関係 ひどくいい（1911）状況に

解説

なぜ？ ▶韓国併合条約を結んだ1**年後**，日本は関税自主権の完全回復に成功します。アメリカと**日米新通商航海条約**を締結したからです。

実は1899年に発行された日英通商航海条約は期限が12**年**でした。ですから12**年後**の1911年に改正され，新しく**関税自主権の完全回復**に至ったのです。

➡12**年前**（1899年），**日英通商航海条約の発効**

同年

★

1911年 第3次日英同盟協約

▶関税自主権の完全回復が実現したのと**同じ年**に**第3次日英同盟協約**も結ばれ，日本とイギリスの同盟関係はさらに強固なものとなりました。韓国併合をきっかけに，列強の一員となったからという側面もあるのかもしれません。

同年

★★

1911年 辛亥革命

▶中華民国が建国される1**年前**，**孫文**らが中心となって清で**辛亥革命**という革命を起こします。この結果，1**年後**に中華民国が建国され清国が滅亡することになりました。

1年後

★★

年号	1912年	中華民国の成立

ゴロ 191 2
得意ニコニコ 中国建国

解説 ▶辛亥革命の1**年後**，民族主義，民権主義，民生主義（土地所有権の平均化）という三民主義を唱える**孫文**を，臨時大総統とする**中華民国**が成立します。

同年

★★

年号	1912年	清国の滅亡

ゴロ 191 2
得意になる前，王朝滅ぶ

解説 ▶革命軍の制圧に失敗し，清国最後の皇帝宣統帝は，幼くして皇位を追われました。中華民国が成立する**同年**，**清国は滅亡**します。国家支配が得意になる前に清王朝は滅んだわけです。ちょうどこの年に，明治時代も終わります。

【大正時代】

年号	1912年	大正時代の始まり／2個師団増設問題／第一次護憲運動
ゴロ	1912 得意ニコニコ 大正改元	

解説 ▶清国が滅亡したことをきっかけに，**同年**，陸軍は朝鮮の師団を2つ増設するよう要求しました。しかし当時の**西園寺公望**内閣は，財政緊縮を唱えてこれを拒否したため，西園寺内閣は倒され，桂太郎内閣となりました。これに反発して起こったのが**第一次護憲運動**です。

➡**同年，清国の滅亡**（☞P.181）

★★

1912年	友愛会の結成

ゴロ 1912 得意になった 労働運動

▶大正時代の始まりと共に結成された労働団体が**友愛会**です。友愛会は**1年前**の特別高等警察の設置による労働運動の弾圧などを背景に，穏健な路線の労働団体として発足します。資本家と話し合う労使協調路線をとったわけです。

1年後

★★

年号	1913年	大正政変
ゴロ	(護憲運動に)行く意味あった 大正政変	

解説 ▶**大正政変**とは，桂太郎内閣成立に反発して起きた第一次護憲運動で桂太郎内閣が倒された政変のことです。2個師団増設要求の**1年後**，大正政変が起こり桂太郎内閣は倒されました。

同年

★

1913年　第1次山本権兵衛内閣の成立／軍部大臣現役武官制の改正／文官任用令の改正

▶大正政変の結果，**同年**第一次護憲運動の中心であった立憲政友会を与党とする**山本権兵衛内閣**が**組閣**します。山本内閣は，第一次護憲運動が起こったそもそもの原因である**軍部大臣現役武官制**を**改正**し，軍部の影響力が政党に及ばないようにしました。また政党員の高級官僚への道を拓く**文官任用令の改正**も**同年**に行ないました。

1年後

★

1914年　シーメンス事件／第1次山本権兵衛内閣の退陣

▶第1次山本権兵衛内閣の成立の**1年後**，海軍の山本権兵衛内閣のこれらの動きを快く思わなかった人たちの思惑からか，ドイツのシーメンス社から海軍への贈収賄事件が発覚します。この結果，**山本権兵衛内閣は退陣**となります。

同年

★

1914年　大隈重信内閣の成立

▶第1次山本権兵衛内閣が退陣した年，当時国民に絶大な人気のあった**大隈重信**が2回目の総理大臣となります。1回目は1898年に就任しました。

同年

★★★

年号　1914年　第一次世界大戦

ゴロ　1914　行く意志あって 大戦参戦

解説

▶偶然ですが，大隈重信内閣が成立した年に**第一次世界大戦**が起こります。ヨーロッパで第一次世界大戦が起こると，日本は日英同盟を理由に参戦します。

➡**2年後**（1916年），**工場法の実施**（☞P.184）

➡**4年後**（1918年），**第一次世界大戦の終結**（☞P.187）

同年

★★
1914年 青島占領／ドイツ領南洋諸島占領

▶第一次世界大戦が勃発した年，日本は**青島**をはじめとした，山東半島にあったドイツ権益を占領すると共に，**ドイツ領南洋諸島**を占領します。

↓ 1年後

★★
1915年 二十一カ条の要求

▶第一次世界大戦が起こった**1年後**，日本は中国に対する利権拡大のため**二十一カ条の要求**を突きつけます。中華民国はこれらの要求のうち第5号の日本人顧問採用を除いて受け入れました。この年号はゴロで覚えるよりも第一次世界大戦の**1年後**と押さえておきましょう。

1916年 工場法の実施

▶**工場法の実施**が1916年からになった理由は，その**2年前**から第一次世界大戦が始まり，大戦景気が起こっていたからです。
➡**5年前**（1911年），**工場法の制定**（☞P.179）

1916年 吉野作造が民本主義を提唱する

ゴロ 得意（191）論（6）じる 民本主義

▶**吉野作造**は『**中央公論**』に「憲政の本義を説いて其有終の美を遂すの道を論ず」という論文を発表し，民本主義を唱えました。民本主義は天皇主権を規定する大日本帝国憲法の枠内で民主主義にもとづいた行動を行なう主張です。大正デモクラシーの代表的な論客になりました。
➡**2年後**（1918年），**黎明会**（☞P.187）

★★

2年後

年号	1917年	石井・ランシング協定

ゴロ アメリカとの交渉 得意な石井さん

解説 ▶二十一カ条要求を突きつけた**2年後**，日本はアメリカと**石井・ランシング協定**を結び，中国で新たに獲得した日本の「**特殊権益**」をアメリカに認めさせます。もちろんこの協定はアメリカにもメリットがある協定でアメリカは中国の「門戸開放」を日本に認めさせました。

1917年	ロシア革命

ゴロ （戦争でロシアは）特異な 経済状況に

▶第一次世界大戦中が終結する直接の原因となったのは，第一次世界大戦の前年に起こった**ロシア革命**です。革命の結果成立した政権は，ドイツと単独で講和条約を結んだため，欧米諸国も戦争終結の流れに向かうことになったのです。

➡**1年後**（1918年），**シベリア出兵**（☞P.186）

★★

年号	1917年	金輸出禁止

ゴロ 特異な 経済状況で 金輸出禁止

解説 **なぜ？** ▶第一次世界大戦が始まって**3年後**，欧米諸国が金本位制から離脱したため日本も同様に金本位制から離脱をしました。大戦終了後，対中国政策の観点から，アメリカが解禁した後も日本は金解禁を続けました。

➡**3年前**（1914年），**第一次世界大戦**（☞P.183）

★★

年号	1918年	シベリア出兵
ゴロ	19 行く？ 18 いや？ シベリア出兵	
解説	なぜ？▶ロシアの革命に干渉するため，ロシア革命の**1年後**に**シベリア出兵**が行なわれました。ただ，国外の干渉は国際法に反するので，名目上はシベリアにいたチェコスロバキア軍の救援という形で行なわれました。	

同年

★★

年号	1918年	米騒動(こめそうどう)
ゴロ	191 得意，8 やろうぜ 米騒動	
解説	なぜ？▶シベリア出兵が決定した**同年**，米商人は米価のつり上げを図ります。これに反発した富山県の漁村の主婦が，米価の引き下げを要求・蜂起したことを機に**米騒動**が全国的に拡大します。	

同年

1918年	寺内正毅(てらうちまさたけ)内閣の退陣
なぜ？▶米騒動当時の内閣であった**寺内正毅内閣**は，米騒動の動きを軍隊を使って鎮圧したため，国内で大きな反発が起こり，**同年**寺内内閣は**総辞職**に追い込まれます。	

同年

★★

年号	1918年	原敬(はらたかし)内閣成立
ゴロ	191 得意，8 やろうぜ 政党内閣	
解説	▶寺内正毅内閣の退陣の後は，**同年**に立憲政友会の**原敬**が内閣を組織します。原敬は岩手県出身の平民身分であったため**平民宰相**(へいみんさいしょう)と呼ばれました。産業開発や高等教育普及政策を推進しました。	

★★

年号 1918年 第一次世界大戦の終結

ゴロ 戦争を 終わらせるのは 得意や（1918）

解説 ▶**第一次世界大戦**後の流れは第一次世界大戦の終結から逆算させていくと良いです。第一次世界大戦は**4年後**に**終結**しました。したがって，西部戦線での戦いが休止しました。ですがその後，国際的，政治的，経済的，社会的な対立は続き，完全な和解にまで至ることはありませんでした。

➡**4年前**（1914年），**第一次世界大戦**（☞P.183）

➡**1年後**（1919年），**パリ講和会議**（☞P.188）

1918年 黎明会

▶民本主義を提唱した**吉野作造**は，民本主義を唱えた**2年後**，自らの主張を啓蒙するために**黎明会**を組織しました。黎明会は講演会などで啓蒙活動をし，デモクラシー思想の発展につとめました。

1年後

★★

年号 1919年 三・一独立運動

ゴロ 独立運動に 行く行く（1919）

解説 ▶第一次世界大戦中が終わると，日本の植民地支配に反対する，朝鮮人による民族自決の動きが高まってきます。この動きに対して戦争が終結した**1年後**，朝鮮の人たちは日本からの独立を訴えて**三・一独立運動**を起こします。

★★

1919年　パリ講和会議

ゴロ　講和会議に 行く行く（1 9 1 9）

▶第一次世界大戦が終結するとパリで**講和会議**が開かれました。連合国の首脳が集まって，第一次世界大戦後の国際体制の構築に向けて話し合われました。

同年

★★★

1919年　五・四運動

ゴロ　**反日運動に 行く行く**（1 9 1 9）

解説　▶パリ講和会議で日本の山東半島返還が実現しないと分かった中国の人々は，**同年**反日運動（**五・四運動**）を起こします。**北京の大学生**が始めた抗議運動です。

同年

★★

1919年　ヴェルサイユ条約調印

▶敗戦国ドイツと連合国の間に結ばれた平和条約です。その内容は厳しく，ドイツに不満が広がりました。

★

1919年　大日本労働総同盟友愛会の結成

ゴロ　労働運動に みんな行く行く（1 9 1 9）

▶ロシア革命をきっかけに労働組合は過激化していきます。その走りとなったのがロシア革命の**2年後**に結成された**大日本労働総同盟友愛会**です。これは1912年に結成された労使協調主義の友愛会を改称したものです。

➡**7年前**（1912年），**友愛会の結成**（☞P.182）

★★★

年号	1920年	国際連盟成立

ゴロ 特に輪になる 国際連盟
(1920 = 特に輪)

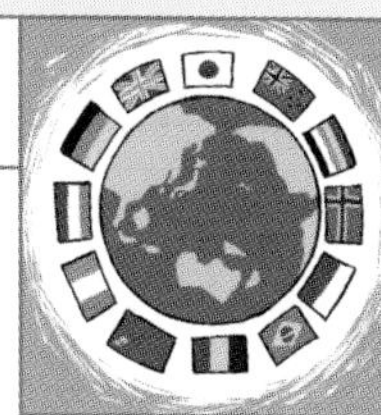

解説 ▶ヴェルサイユ条約が結ばれた1**年後**，国際平和を維持する機関として**国際連盟**が成立します。ただしアメリカはモンロー主義の観点から加盟せず，革命が起こったソビエトや，敗戦国であるドイツなども加盟できず，世界が一致団結した状況からは程遠いものでした。

➡2**年前**（1918年），**第一次世界大戦の終結**（☞P.187）

★

1920年	戦後恐慌

ゴロ いくつも ゼロに 株式相場
(1920 = いくつ・ゼロ)

▶第一次世界大戦の終結の2**年後**，**戦後恐慌**が起こります。第一次世界大戦が始まると欧米諸国がアジア市場から撤退したのをきっかけに日本は大戦景気を迎えますが，その反動から恐慌に陥ってしまいました。

★

1年後

1920年	第1回メーデー

ゴロ メーデーに 人急に 押しかける
(1920 = 人急に押)

なぜ？ ▶大日本労働総同盟友愛会が結成された1**年後**，労働者の祭典である**メーデー**が開かれました。労働運動の隆盛を象徴する出来事です。景気が悪化すると人々は現在の政治体制に不満を持つようになります。不満を持った人たちは新しい政治体制や自らの権利を求めて運動を起こすようになるわけです。そこでメーデーが起こったり日本社会主義同盟や新婦人協会が発足することになるのです。

同年

★★

1920年 日本社会主義同盟結成

ゴロ 社会主義運動に 人急に 押しかける（1 9 2 0）

解説 ▶第1回メーデーと**同じ**1920年には社会主義運動が盛り上がりを見せます。社会主義運動をしている人達は大同団結を行ない，**日本社会主義同盟**が結成されました。

➡**2年後**（1922年），**全国水平社の結成**（☞P.192）

同年

★★

1920年 新婦人協会発足

ゴロ 婦人運動に 人急に 押しかける（1 9 2 0）

解説 ▶日本社会主義同盟が生まれた**同じ年**に女性解放運動も本格化していきます。**平塚らいてう**と**市川房枝**が新婦人協会を結成し，女性の参政権の要求など女性の権利獲得を求めて活動しました。

➡**2年後**（1922年），**治安警察法改正**（☞P.192）

1年後

★

1921年 日本労働総同盟発足

ゴロ 労働運動の過激化 特に異義なし（1 9 2 1）

▶日本社会主義同盟が結成されると社会主義運動·労働運動は活発になります。**1年後**結成されるのが**日本労働総同盟**です。また同時に労働組合も過激化していきます。1912年に結成された友愛会は労使協調路線でしたが，日本社会主義同盟が結成された**1年後**に組織された日本労働総同盟は，階級闘争主義を唱え過激な方向へと動いていきます。

同年

1921年	『種まく人』創刊

ゴロ プロレタリア文学の盛り上がりも 特に異義なし（1 9 2 1）

▶**プロレタリア文学**の機関誌である『**種まく人**』**が創刊**されたのも**この年**です。労働運動家の社会主義運動を文学の世界からも盛り上げていこうという展開が起こってきたのです。

★★

年号 1921年 ワシントン会議

ゴロ 遠くに行って 会議する（1 9 2 1）

解説 ▶国際連盟が成立した**1年後**，海軍の軍縮と極東問題を審議するための会議として**ワシントン会議**が開催されました。

➡**1年前**（1920年），**国際連盟成立**（☞P.189）

同年

★★

1921年	四カ国条約に調印（よんかこくじょうやく）

▶ワシントン会議で締結された条約のうち，**四カ国条約**だけはワシントン会議の開催と**同年**に結ばれました。少ない国の数の条約が先に結ばれたと押さえておきましょう。太平洋諸島の問題について話し合われ，この条約の締結により日英同盟が廃棄されることとなります。

★★

1922年	九カ国条約に調印（きゅうかこく）

▶ワシントン会議の**1年後**，ワシントン会議で締結された条約のうちのうち中国問題に関する条約を**九カ国条約**と言います。この条約の締結によりアメリカと結ばれた石井・ランシング協定は廃棄されます。

同年

★★

1922年　ワシントン海軍軍縮条約に調印

▶ワシントン会議で最後に締結されたのが，**1年後**に締結された**海軍軍縮条約**です。これは主力艦の保有量を制限した条約で，日本はアメリカやイギリスに対して6割の主力艦しか持つことができなくなりました。このワシントン会議による国際秩序を，**ワシントン体制**と言います。

★

1922年　全国水平社の結成

ゴロ　特に増えるよ 解放運動

▶日本社会主義同盟が結成された2**年後**に形成されるのは，**全国水平社・日本農民組合・日本共産党**の3つです。**全国水平社**は，部落解放を求めた団体です。

同年

★

1922年　日本農民組合の結成

ゴロ　特に増えるよ 小作争議

▶**日本農民組合**は小作料の引き下げを求める小作争議が頻発したことを背景に結成された，小作人の権利を守るための団体です。

同年

★★

1922年　日本共産党の結成

ゴロ　特に増えるよ 共産主義運動

▶**日本共産党**はコミンテルン（国際共産党）という共産主義者の世界的組織の日本支部として，非合法に結成された共産主義革命を目指す団体です。

★

1922年　治安警察法改正

ゴロ　特に増えるよ 女性の権利

▶新婦人協会の尽力により，**治安警察法**第5条が改正されます。これによって女性の政治集会への参加が許可されるようになりました。

➡**2年後**（1924年），**婦人参政権獲得期成同盟会の結成**（☞P.194）

★★★

年号 1923年 関東大震災（かんとうだいしんさい）

ゴロ 特に惨事の 大震災（1 9 2 3）

解説 ▶1923年9月1日午前11時58分，関東を中心とした**大地震**が起こります。死者・行方不明者は10万人を超えました。この結果**同年**に震災恐慌が起こり，日本は恐慌の泥沼にはまっていきました。

同年

★★

1923年 震災恐慌（きょうこう）

ゴロ 特に惨事の 震災恐慌（1 9 2 3）

なぜ？ ▶関東大震災をきっかけに決済不能の手形が続出し，**震災恐慌**が起こります。関東大震災は非常に大規模な地震であったため，経済的な影響はすぐに起こるわけですですから，震災恐慌は関東大震災と同じ年になります。

同年　同年

★

1923年 虎の門事件（とらのもんじけん）

▶関東大震災の社会不安を背景に，摂政宮裕仁親王（せっしょうのみやひろひと）（後の昭和天皇）が狙撃される事件が起こりました。この**虎の門事件**の責任をとって，山本権兵衛内閣は総辞職します。

1年後

1924年 清浦奎吾内閣の成立（きようらけいご）

▶虎の門事件で山本権兵衛内閣が総辞職した**1年後**，**清浦奎吾内閣**が成立します。清浦奎吾は関東大震災で社会不安となっている中で超然主義的な政策を取り，わずか5カ月で総辞職しました。

【同じゴロ !?】

「同年」の歴史事項をまとめて多角的に覚えられるようにするため，**同年に起こった出来事のゴロ合わせはあえて同じものにしている**場合があります。1つのゴロのイメージに複数の出来事をひもづけてセットで覚えましょう。

1924年　婦人参政権獲得期成同盟会の結成

▶新婦人協会が治安警察法が改正された**2年後**，今度は婦人の参政権を求めた運動を展開します。その結果結成されたのが，**婦人参政権獲得期成同盟会**です。

同年

1924年　第二次護憲運動

▶関東大震災の社会不安の中で，超然的な姿勢を内閣が取っていることに対して，**第二次護憲運動**が盛り上がりを見せてきました。

同年

1924年　第1次加藤高明内閣の成立

▶護憲運動の中心となっていた護憲三派が圧勝した結果，護憲三派による内閣が誕生します。**第1次加藤高明内閣の成立**です。

1年後

★★★ 1925年　普通選挙法

ゴロ　**行く(19)ぞ にこ(25)にこ 選挙に行こう**

▶護憲三派は普通選挙の断行を公約に掲げていました。そのため護憲三派内閣を組織した**1年後**に，**普通選挙法**が制定されます。

同年

★★★ 1925年　日ソ基本条約

ゴロ　**行く(19)と にっこ(25)り ソ連と国交**

▶加藤高明内閣は今まで国交のなかったソ連との国交を樹立します。平和友好関係の維持，内政不干渉などで合意しました。

同年

★★★

年号	1925年	治安維持法（ちあんいじほう）

ゴロ
19 25
行くと 濁すは 弾圧法令

解説

なぜ？ ▶普通選挙法による普通選挙の実施と日ソ基本条約によって社会主義であったソ連との国交を樹立することになった日本政府は，社会主義運動や労働運動が盛り上がることを懸念しました。そこで，国体の変革や私有財産制度の否認を目的とした結社を禁止する**治安維持法**を制定します。

➡**25年前**（1900年），**治安警察法**（☞P.173）

➡**20年後**（1945年），**治安維持法の廃止**

※きりが良い年数なのでセットでおさえておくとよいでしょう。

同年

★★★

1925年	ラジオ放送の開始

ゴロ **ラジオ買いに 行くとニコニコ**（19 25）

▶**ラジオ放送の開始**は大正時代の終わりです。日本が降伏する**20年前**に放送が開始されました。ただしラジオの民間放送の開始は戦後になってから，テレビについては民間放送も公共放送も戦後になってからとなります。

【昭和時代（戦前）】

★★

1927年 山東出兵

年号 1927年 山東出兵

ゴロ 得になるかな？ 山東出兵
（1927）

解説 なぜ？ ▶当時，中国の国民革命軍は全国統一を目指して満州進出を図っていました。これに対して親日派であった満州軍閥の張作霖を支援するため日本は3回にわたる**山東出兵**を実施したのです。

★★★

1927年 金融恐慌

年号 1927年 金融恐慌

ゴロ 得にならない 金融恐慌
（1927）

解説 ▶関東大震災の結果起こった震災恐慌は，まだ収束していませんでした。銀行の経営状態が悪化したことが国民に知られると，国民が自らの預金を引き出しに銀行に殺到する取り付け騒ぎがみられました。その結果次々と銀行が破綻する事態が起こります。これを**金融恐慌**と言います。

同年

★

1927年 台湾銀行救済緊急勅令案の否決

▶ここからはすべて金融恐慌からの流れとなり，すべて同じ年となります。**若槻礼次郎内閣**（右図）は，金融恐慌の結果休業に追い込まれた**台湾銀行の救済**をするための**緊急勅令**を天皇に出してもらおうとしますが，天皇の諮問機関であった**枢密院**が否決します。その結果，若槻礼次郎内閣は台湾銀行を救えなくなり，責任を取って総辞職します。

同年

★★

1927年 モラトリアム

なぜ？ ▶若槻礼次郎内閣が総辞職した後に成立した内閣が，立憲政友会の**田中義一**(たなかぎいち)内閣（右図）です。田中義一内閣は3週間の**モラトリアム**（支払い猶予令）を発し，日本銀行から巨額の融資を行なうことで金融恐慌を収束に向けました。

★

1928年 パリ不戦条約

ゴロ 得にはなるか？ 不戦の誓い（19 2 8）

▶山東出兵の**1年後**結ばれるのが**パリ不戦条約**です。田中義一内閣は山東出兵を行なう一方，欧米諸国に対しては協調外交の方針を引き継ぎました。この条約が批准されるにあたり，「其ノ各自ノ人民ノ名ニ於テ」の部分は天皇主権の憲法を持つ日本には適用されないとの見解を示しました。

★

1年後

1928年 済南事件(さいなんじけん)

ゴロ 特に はげしい 済南事件（19 2 8）

▶**1年後**，山東出兵は新たな展開を迎えます。第2次山東出兵の際，日本軍と国民革命軍との間の武力衝突が生じた**済南事件**が起きます。日本は一時済南城を占領します。

同年

★★

1年後

1928年 張作霖(ちょうさくりん)爆殺／満州某重大事件(まんしゅうぼうじゅうだいじけん)

ゴロ 特に はげしい 爆殺事件（19 2 8）

なぜ？ ▶山東出兵の**1年後**，関東軍では「**張作霖**を保護するよりも張作霖を殺して満州を直接支配するべきである」という考え方が台頭します。その結果，満州に帰る途中の張作霖（右上図）を奉天(ほうてん)郊外で列車ごと**爆発して殺害**します。このことは国民に知らされず，**満州某重大事件**と呼ばれました。

➡**1年後**（1929年），**田中義一内閣の総辞職**（☞P.199）

★★★

年号	1928年	普通選挙の実施

ゴロ
19 2 8
特に はげしい 選挙弾圧

解説
▶1925年に制定された**普通選挙法にもとづく総選挙**は，**3年後**の1928年に実施されました。このとき，無産政党の候補者が8名も当選したため政府は無産政党に対する弾圧を強めていきます。
➡**3年前**（1925年），**普通選挙法**（☞P.194）

同年

★

1928年	三・一五事件

ゴロ 特に はげしい 弾圧さ

なぜ？▶最初の総選挙で無産政党の候補者が8名も当選したことを受け，これまで非合法に活動していた日本共産党が公然と活動するようになりました。これに対して政府は，共産党員の一斉検挙を行ないました。これを**三・一五事件**と言います。

同年

★★

1928年	治安維持法改正

ゴロ 特に はげしい 弾圧さ

なぜ？▶最初の普通選挙の結果を受けて，政府は**治安維持法**を**改正**して最高刑を死刑・無期としました。

同年

★★

1928年	特別高等課（特高）を道府県の警察にも設置

ゴロ 特に はげしい 弾圧さ

なぜ？▶最初の普通選挙の結果を受けて，今まで警視庁にのみ置かれていた**特別高等課（特高）**を，道府県の警察にも設置することで思想弾圧を強めていきました。

1年後

1年後，三・一五の三と五をそれぞれ＋1して

★

1929年　四・一六事件

▶共産党員に対する弾圧は**1年後**にも行なわれます(**四・一六事件**)。三・一五事件と四・一六事件については1928年の三・一五事件だけを頭に入れておくと，自動的に四・一六事件が出てきます。やり方は一の位と百の位の数字を1ずつ足せばいいのです。ちなみに三・一五事件の年号は最初の普通選挙と同じ年と押さえておくと良いです。

1929年　田中義一内閣の総辞職

▶**田中義一内閣**(右図)は満州某重大事件の**1年後**，責任をとって辞任。このあとを受けて，立憲民政党の**浜口雄幸**内閣が組織されます。

★★

1929年　世界恐慌

ゴロ　特に　くるしい　ニューヨーク

▶ニューヨークのウォール街での株式相場の大暴落をきっかけに起こったのが**世界恐慌**です。世界恐慌の余波は**1年後**に日本に押し寄せてきます。「**暗黒の木曜日**」とも呼ばれました。

1年後

★★★

年号　1930年　金輸出解禁

ゴロ　不景気よ　遠く去れよと　金解禁

解説　▶**金輸出解禁**に出遅れていた日本は世界恐慌の最中に金輸出を断行します。世界恐慌がまもなく収束するとの見通しで金輸出解禁を行なったのですが，世界恐慌は長期化してしまったため，この決断は裏目に出てしまいます。

➡**同年**(1930年)，**昭和恐慌**(☞P.200)

★★★

年号	1930年	ロンドン海軍軍縮会議（かいぐんぐんしゅくかいぎ）
ゴロ	193 0 戦 ゼロにと 軍縮会議	
解説	▶**ロンドン海軍軍縮会議**では，日本の主力艦の建造禁止を5年延長することと，補助艦の保有量が定められました。	

同年

★★

1930年	統帥権干犯問題（とうすいけんかんぱん）

ゴロ この兵力量では 戦ゼロには できないよ（193 0）

▶ロンドン条約では，大型巡洋艦の対米7割が受け入れられないまま条約を締結してしまった政府に対して，兵力量を決めることは**統帥権の干犯**であるとの批判が起こります。

同年

1930年	浜口雄幸首相狙撃される（はまぐちおさち）

▶統帥権干犯問題で政府に対する反発が高まっている中**浜口雄幸首相**は東京駅で**狙撃**されて負傷し，**1年後**に死去しました。

★★★

年号	1930年	昭和恐慌（しょうわきょうこう）
ゴロ	1 9 3 0 遠く去れと 叫んでみたが 昭和恐慌	
解説	なぜ？ ▶日本は世界恐慌の余波をもろに受けたことと，金輸出解禁に伴う円高で輸出が不振になったため，**昭和恐慌**になってしまいます。 ※1920年代日本は相次いで恐慌が起こりました。3年後，4年後，3年後といった具合です。1920年戦後恐慌→3年後→1923年震災恐慌→4年後→1927年金融恐慌→3年後→1930年昭和恐慌	

1年後

★★

1931年　金輸出再禁止

ゴロ　得さ一番，金輸出再禁止

▶1931年に成立した**犬養毅**内閣（右図）は，高橋是清大蔵大臣の下で**金輸出再禁止**を断行します。これにより大幅な円安になったことと，世界恐慌も収束に向かっていたこともあり，日本は綿織物の輸出が躍進するなど空前の好景気を迎えました。

同年

★★

1931年　重要産業統制法

ゴロ　得さ一番，財閥巨大化

▶昭和恐慌の結果，多くの企業が倒産しました。政府は政府にとって重要な産業を指定産業とし，それらの産業に対してカルテルの結成を容認する**重要産業統制法**が制定されました。この結果，財閥が重要産業を牛耳ることになるわけです。

★★★

年号　1931年　柳条湖事件

ゴロ　193 1 9(月) 1 8(日)
戦 行 く？い や？

解説　▶関東軍は満州を中国の主権から切り離して日本の勢力下に置こうと考えました。そこで奉天郊外の柳条湖で南満州鉄道の線路を爆破しました。これが**柳条湖事件**です。9月18日に起こったので，今でもこの日を境に中国では反日運動が盛り上がります。

★★★

年号 1931年 満州事変

ゴロ 1931
戦 行く 羽目になる

解説 ▶日本は柳条湖事件を中国軍の仕業として，軍事行動を開始しました。その結果起こったのが，**満州事変**です。

同年

★

1931年 三月事件・十月事件

▶満州事変が起こった1931年には，日本の陸軍の青年将校によるクーデタが頻発します（**三月事件**・**十月事件**）。これらの事件は軍事政権を樹立しようとしたクーデタですが，いずれも未遂に終わります。

1年後

★

1932年 上海事変

▶満州での日本軍の行動は中国における反日運動を激化させました。その結果，上海で起こった日本軍と中国軍の軍事衝突が**上海事変**です。

1年後

★★

1932年 満州国建国宣言

ゴロ 1932
戦になって 満州建国

▶満州全域を軍事制圧下に置いた関東軍は，清朝最後の皇帝**溥儀**を（右上図）立てて**満州国建国**を**宣言**します。しかし，この満州国は満州民族の民族運動による独立国家ではなかったため，国際社会の批判を受けることとなり，**犬養毅内閣**も満州国には不承認の態度をとります。

同年

★★

1932年　血盟団事件

ゴロ　戦に（1932）邪魔な 者ども暗殺

▶五・一五事件が起こったのと**同じ年**に，井上日召が率いる右翼団体血盟団が，**井上準之助**前大蔵大臣と，**団琢磨**三井合名会社理事長を暗殺する**血盟団事件**を起こします。

同年

★★★

1932年　五・一五事件

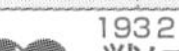

ゴロ　戦に（1932）邪魔な 犬養暗殺

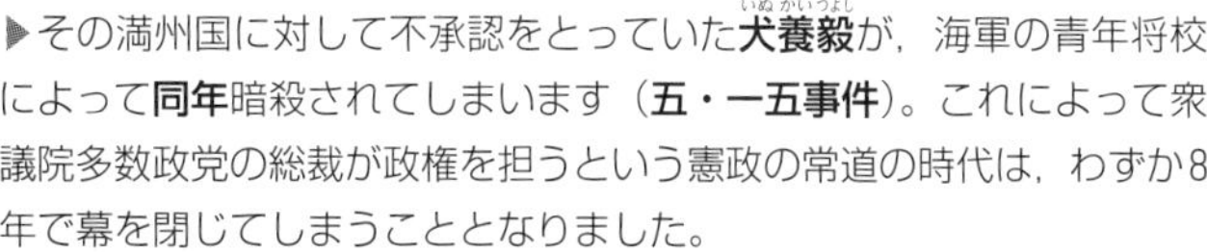

▶その満州国に対して不承認をとっていた**犬養毅**が，海軍の青年将校によって**同年**暗殺されてしまいます（**五・一五事件**）。これによって衆議院多数政党の総裁が政権を担うという憲政の常道の時代は，わずか8年で幕を閉じてしまうこととなりました。

同年

★

1932年　日満議定書

▶犬養毅が暗殺された後，海軍の**斎藤実**が内閣総理大臣になります。斎藤実は内閣総理大臣に就任すると早速**日満議定書**を締結し，満州国を国家として承認します。

➡**1年後**，(1933年)，**国際連盟脱退通告**（☞P.204）

➡**1年後**，(1933年)，**塘沽停戦協定**（☞P.204）

1年後

★

1933年　滝川事件

ゴロ　言論弾圧の 行き着く先は 戦さ（1933）

▶京大事件とも呼ばれます。五・一五事件の**1年後**，軍部の圧力は言論の世界にも及びます。自由主義的刑法学説を唱えていた京都帝国大学教授**滝川幸辰**が，鳩山一郎文部大臣の圧力で休職処分を受けました。

★★

年号	1933年	国際連盟脱退通告（こくさいれんめいだったいつうこく）
ゴロ	1933 戦さそった 国連脱退	

解説

なぜ？ ▶満州国を国家として承認したことに対して国際連盟は反発します。国際連盟は**リットン調査団**を派遣して調査した結果，満州国は満州民族による独立国家ではないとの判断を下します。

これに反発した国際連盟の日本代表・**松岡洋右**（まつおかようすけ）は**国際連盟脱退通告**をし，国際社会からの孤立の道を選ぶこととなるわけです。

同年

1933年 ドイツでナチス政権成立

▶日本が国際社会からの孤立の道を選んだ年に，ドイツではヒトラーが党首として率いる**ナチス政権が誕生**します。

★

1933年 塘沽停戦協定（タンクーていせん）

▶日満議定書が締結された**1年後**，**塘沽停戦協定**が結ばれ満州事変は終結します。中国政府と国民は日本の支配を黙認することになりました。

1年後

★

1934年 満州国帝政の実施（まんしゅうこくていせい）

▶満州事変が終結すると満州国は帝国となります。ここで**溥儀**（ふぎ）は執政から皇帝になります。

2年後

★

1935年 国際連盟脱退通告が発効される

▶1933年の**国際連盟脱退通告**をした年に日本は国際連盟から脱退したわけではありません。1933年はあくまでも国際連盟から脱退することを通告しただけです。この通告が効力を持って国際連盟から正式に脱退するのは**2年後**の1935年となります。

★★★

年号	1935年	天皇機関説問題
ゴロ	戦ゴリ押す 学説否定 (1935)	
解説	▶滝川事件の2**年後**，**天皇機関説問題**が起こります。当時主流であった「天皇は国家の最高機関である（主権者ではない）」という考え方に対して，貴族院**菊池武夫**が反発し，問題化します。	

同年

★★

1935年 国体明徴声明

ゴロ 引く身 誤解だ！ 唱える美濃部 (1935)

▶天皇機関説問題は最終的に，当時の内閣総理大臣である**岡田啓介**が天皇機関説を否定する声明を出したため，天皇機関説を唱えていた**美濃部達吉**（右上図）は貴族院議員を辞職することとなります。

★★★

年号	1936年	二・二六事件
ゴロ	ひどく寒い日 二・二六 (1936)	
解説	▶そしてとうとう**1年後**，陸軍の青年将校によるクーデタ，**二・二六事件**が起こります。**高橋是清**大蔵大臣，**斎藤実**内大臣，**渡辺錠太郎**陸軍教育総監らが暗殺され，青年将校らは国会などを占拠しますが天皇が厳罰を要求したため鎮圧されてしまいます。この事件をきっかけに陸軍は統制派が主導権を握るようになります。	

同年

1936年 岡田啓介内閣退陣

▶二·二六事件が起こった時の内閣は**岡田啓介**でした。そのため岡田内閣の退陣は二・二六事件と**同じ年**となるわけです。

同年

1936年　広田弘毅内閣の誕生

▶二·二六事件の結果岡田啓介内閣が退陣し，**広田弘毅内閣が誕生**します。広田内閣は軍部大臣現役武官制を復活するなどしたため，広田弘毅は文官で唯一，**A 級戦犯**で死刑となりました。

同年

★★
1936年　軍部大臣現役武官制の復活

ゴロ　戦向(1936)かう 現役武官制

▶そして**同年**，広田弘毅内閣の下で**軍部大臣現役武官制が復活**し，内閣は陸軍・海軍の協力がないと運営できない状態になってしまいます。

同年

★★
1936年　ワシントン条約失効／ロンドン条約失効

ゴロ　ワシントン体制離脱で 戦向(1936)かう

▶日本が正式に国際連盟から脱退した**1年後**の1936年に，**ワシントン条約とロンドン条約が失効**します。この結果，日本は海軍軍縮の道を取らなくても良くなり一気に戦争へと突入していくこととなります。

ワシントン条約では，各国で保有できる主力艦の保有トン数を制限しましたが，他国に比べて日本は保有比率が少なく日本海軍部内からは反発が起きました。

同年

★★
1936年　日独防共協定

ゴロ　ドイツと組んで 戦向(1936)かう

▶ワシントン体制から完全に離脱した日本は枢軸国であるドイツと**防共協定**を結ぶこととなります。防共協定とは**コミンテルン**（国際共産党）を阻止するための協定です。

➡**1年後**（1937年），**日独伊防共協定**（☞P.208）

同年

★

1936年　西安事件

ゴロ　共産党と手を組んで 戦向かう（1936）

▶中国国民政府の**張学良**が**蒋介石**を監禁し，共産党との内戦を停止し日本に対抗するべきだと説得した事件です。これにより国民政府と共産党は手を組んで日本に対抗していく姿勢を示すようになります。

↓ 1年後

★★★

1937年　盧溝橋事件

ゴロ　戦なった 盧溝橋（1937）

▶北京郊外の**盧溝橋**付近で，日本と中国の両国軍の衝突事件が発生します。日中戦争の発端になった事件と言われています。

‖ 同年

★★★

1937年　日中戦争

ゴロ　戦なった 日中戦争（1937）

解説　▶盧溝橋事件は一旦停戦協定が成立しましたが，日中両軍とも抗戦の構えを示したため，**日中戦争**へと発展することとなりました。

➡**同年**，（1937年），**国民精神総動員運動**（☞P.208）

➡**同年**，（1937年），**日独伊防共協定**（☞P.208）

➡**1年後**，（1938年），**近衛声明**（☞P.208）

‖ 同年

★★★

1937年　南京占領

ゴロ　戦なって 南京占領（1937）

解説　▶日中戦争が始まった12月に日本は国民政府の首都であった**南京を占領**します。国民政府は重慶と逃れて徹底抗戦の構えを示します。

★★
1937年 国民精神総動員運動（こくみんせいしんそうどういんうんどう）

ゴロ 戦な（1937）った 国民動員

なぜ？ ▶日中戦争の開戦をきっかけに，**同年**，国民の戦争協力を促すため，節約や貯蓄などを求める**国民精神総動員運動**が展開されました。

★★
1937年 日独伊防共協定（にちどくいぼうきょうきょうてい）

ゴロ 枢軸作れば 戦な（1937）る

▶**日独防共協定**は**1年後**にイタリアを加えて日独伊防共協定となります。正式には，「共産インターナショナルに対する日独協定」と言います。ロシアを仮想敵としていました。

★★
1938年 近衛声明（このえせいめい）

ゴロ 戦や（1938）めれず 近衛声明

なぜ？ ▶南京占領の**1年後**，日本は中国の国民政府と和平交渉に入りましたが中国は徹底抗戦の構えを示しました。そのため，当時の内閣総理大臣であった**近衛文麿**（このえふみまろ）は近衛声明を出して，中国国民政府を正式な中国政府と認めないことを宣言しました。

同年

★★
1938年 国家総動員法（こっかそうどういんほう）

▶政府は議会の承認なしに国民を動員する権利を与えられました。具体的には戦争遂行に必要な物資や労働力を動員する権限を得たのです。国民精神総動員運動が法制化されたとも言えます。

同年

★★
1938年 張鼓峰事件（ちょうこほう）

▶南京を占領した日本とソ連の間で，張鼓峰の丘陵地帯での軍事衝突が始まります。これが**張鼓峰事件**です。圧倒的な火力と機動力を持つソ連軍に反撃を受け，多大な損害を出しました。

★

1939年 ノモンハン事件

ゴロ 戦く(1939)るしむ ノモンハン

▶張鼓峰事件が起こった1**年後**，満州とモンゴルの国境沿いで**ノモンハン事件**という軍事衝突が起こり，日本は壊滅的な打撃を受けます。また，**同年**にとんでもない事件が起こります。

同年

★

1939年 独ソ不可侵条約（どくそふかしん）

▶**ドイツがソ連**と**不可侵条約**を結んでしまったのです。もし日本がソ連と開戦をしたら，ドイツが協力してくれなくなってしまいます。その結果，日本はソ連との軍事衝突から手を引かざるを得ない状況になってしまいました。

同年

★★★

年号 1939年 第二次世界大戦（せかいたいせん）

ゴロ 戦く(1939)るしむ 二次大戦

解説 ▶ドイツがソ連と不可侵条約を結んだ一番大きな理由は，ドイツのポーランド侵攻です。ドイツがポーランド侵攻した際，ソ連が攻めてこないようにするために独ソ不可侵条約を結んだのです。
ドイツがポーランド侵攻した結果，**第二次世界対戦**が始まります。

★★

1年後

1939年 日米通商航海条約廃棄通告（にちべいつうしょうこうかいじょうやく）

ゴロ アメリカからの 物資がないと 戦く(1939)るしむ

▶日本が中国国民政府と徹底抗戦の構えを示したため，援助物資を送って国民政府を支援していたアメリカは，**日米通商航海条約の廃棄を通告**します。日本は厳しい立場となりました。

1年後

★

1940年 日米通商航海条約廃棄

▶日米通商航海条約破棄通告が出された1**年後**，**日米通商航海条約は廃棄**されます。日中戦争が泥沼化しており，アメリカとの妥協点が見つけられなかったのです。

同年

★★★

年号 1940年 北部仏印進駐

ゴロ
1 9 4 0
行くよ 大海原へ

解説
▶アメリカやイギリスは，**北部仏印**（**ベトナム**）を経由して国民政府に援助物資を送っていました。軍部は，これを絶ち切らなければ中国との戦争は泥沼化すると考え，援蔣ルート遮断を目的に**北部仏印進駐**を行ないます。

しかしこのことでアメリカやイギリスを完全に敵に回すことになり，1**年後**，太平洋戦争へと突入していきます。

同年

★★★

年号 1940年 日独伊三国同盟

ゴロ
1 9 4 0
行くよ おれたち 軍事同盟

解説
なぜ？ ▶アメリカやイギリスと敵対することになった日本は，枢軸国であるドイツやイタリアとの関係を緊密にしていきます。その結果結ばれた軍事同盟が**日独伊三国同盟**です。この同盟では，アメリカを仮想敵国としていたため，アメリカは日本に対して経済制裁を始めます。このことが太平洋戦争への引き金となりました。

同年

★★★

年号	1940年	大政翼賛会（たいせいよくさんかい）

ゴロ 行くよ おれたち 大政翼賛会（1940）

解説 ▶全国民の戦争動員への協力を目指す新体制運動は，**大政翼賛会**の結成により結実します。総裁を総理大臣，支部長を道府県知事とし，全国にあるあらゆる組織を大政翼賛会の傘下に収め，国民への戦争動員への協力を促します。

同年

★★

1940年 大日本産業報国会（だいにっぽんさんぎょうほうこくかい）

▶戦時体制下に結成された官民共同の勤労者統制組織です。労働組合などもすべて解散させられ，大日本産業報国会のもとに結集しました。

同年

★★

1940年 南京（なんきん）に汪兆銘（おうちょうめい）政権が誕生する

ゴロ 行くよ 汪兆銘 南京に（1940）

▶南京占領の**3年後**，南京に新しい国民政府が誕生します。国民政府のナンバー2であった**汪兆銘**が重慶（じゅうけい）から脱出し，南京新国民政府を樹立します。しかし実質的には，日本の**傀儡政権**（かいらい）でした。

1年後

★★★

年号	1941年	日ソ中立条約（にっそちゅうりつじょうやく）

ゴロ 行くよ 一途に ソ連と中立（1941）

解説 **なぜ？** ▶北部仏印進駐の**1年後**，北部仏印進駐に伴いアメリカやイギリスとの関係が悪化した日本は，ソ連との間での**中立条約**を結ぶことによって，アメリカやイギリスとの最悪の事態，つまり戦争に突入した場合に備えます。

同年

★
1941年　独ソ戦争

▶日ソ中立条約が締結された同じ年に，ドイツは独ソ不可侵条約を破ってソ連との**戦闘**を開始します。 日ソ中立条約を結んでいた日本としては当てが外れたことになりました。

同年

★
1941年　関東軍特種演習

▶独ソ戦争が始まると，日本はソ連との国境沿いで，大規模な軍事演習をするという名目で，大量にソ連との国境沿いに軍を配置します。その際名目となった軍事演習が**関東軍特種演習**です。

同年

★★
1941年　南部仏印進駐

ゴロ 行くよ 一途に **南部仏印**（1 9 4 1）

▶日米通商航海条約の廃棄とアメリカの経済制裁によって資源の調達が苦しくなった日本は，石油やボーキサイトなどの資源を求めて**南部仏印に進駐**します。このことは日米関係をさらに悪化させることとなり，アメリカは経済制裁をさらに進めていきます。

同年

★★
1941年　ハル＝ノートで日米交渉が決裂する

▶日米交渉は暗礁に乗り上げてしまいます。アメリカからの最終提案である**ハル＝ノート**が出され，日本が満州事変以前の状態に戻るのであれば，アメリカは日本の要求に応じるとしたのです。これは戦争をしないで無条件降伏をすることと同様のことです。追い詰められた日本は**太平洋戦争**に突入することとなります。

同年

★★★

年号	1941年	太平洋戦争（大東亜戦争）

ゴロ
1 9 4 1
行くよ 一途に戦争へ

解説

▶日本は1941年12月8日，**太平洋戦争**に突入します。当時の日本では**大東亜戦争**と呼ばれていました。この戦争の目的はアジアの国々を欧米列強の支配から解放するという名目だったからです。その考えを大東亜共栄圏といいます。

12月8日，海軍はハワイへの**真珠湾攻撃**を行ない，陸軍はマレー半島に上陸して太平洋戦争が開戦となりました。

同年

★

1941年 治安維持法改正（予防拘禁制の採用）

▶太平洋戦争が始まった年に**治安維持法**が**改正**されます。**予防拘禁制**といって治安維持法に違反する可能性のある人を，あらかじめ拘留することができるようにしました。

同年

★★

1941年 国民学校令公布

ゴロ 行くよ 一途に 国民学校（1 9 4 1）

▶太平洋戦争が開戦した年に**国民学校令が公布**されます。尋常小学校と高等小学校も国民学校に改められます。義務教育の年限は8年になるのですが戦争の終結と共にこの制度は実施されずに終わります。

1年後

★

1942年 翼賛選挙

ゴロ 行くよ 日本は 翼賛選挙（1 9 4 2）

▶太平洋戦争の**1年後**に行なわれた総選挙を**翼賛選挙**と言います。選挙の結果，政府の援助を受けた推薦候補が絶対多数を獲得し，議会は政府の決定をただ承認するだけの機関になってしまいました。

同年

★

1942年 ミッドウェー海戦

ゴロ 行くよ 日本は 戦況悪化

▶太平洋戦争が開戦した**1年後**，海軍は**ミッドウェー海戦**で主力空母4隻を失う大敗北を喫し，海上･航空戦力で劣勢となります。この大敗北をきっかけに戦局は日本に不利になっていきます。

1年後

★

1943年 学徒出陣

ゴロ 行くよ みんなも 学徒出陣

▶戦局が不利になった**1年後**，徴兵令の対象外であった学生のうち，文科系学生を軍に徴集する**学徒出陣**が始まります。また残りの学生や女性たちを軍需工場などで働かせる勤労動員なども行なわれました。

同年

★

1943年 イタリアが降伏する

ゴロ 行くよ 見事に 降伏に

▶枢軸国で最初に**降伏**したのは**イタリア**です。日本がポツダム宣言を受諾して無条件降伏する**2年前**に降伏しました。イタリアが降伏することをきっかけにカイロ会談は開かれ，終戦直後の国際方針について話し合ったのです。

➡**2年後**，(1945年)，**ポツダム宣言受諾** (☞P.217)

同年

★

1943年 カイロ会談

ゴロ 行くよ みんなで カイロ会談

▶日本の戦局が不利になり，イタリアが降伏する事態となった1943年，アメリカ大統領**フランクリン＝ローズベルト**，イギリス首相**チャーチル**，中国国民政府主席の**蔣介石**はエジプトの**カイロ**で**会談**し，日本の無条件降伏まで戦うことと，戦後の日本領土の処分方針を決定するカイロ宣言を宣言しました。

★★
2年後

1944年　サイパン島陥落

ゴロ　1944
幾夜死ぬ思いで サイパン陥落

▶**サイパン島**は**絶対国防圏**(ぜったいこくぼうけん)の一角でした。ここが陥落すると本土空襲が可能になるからです。太平洋戦争が始まった**3年後**サイパン島はついに**陥落**し，日本の戦況は悪化の一途を辿っていくのです。

同年

1944年　東条英機内閣退陣

なぜ？▶サイパン島陥落の責任をとって，**同年**，**東条英機内閣**(とうじょうひでき)は退陣します。

同年

★★

1944年　本土空襲が本格化

ゴロ　1944
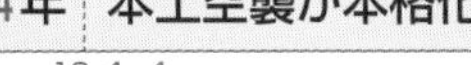
幾夜死ぬ思い 本土空襲

なぜ？▶サイパン島陥落により，サイパン島からアメリカ軍のB29爆撃機が日本に行って戻ってくることが可能になりました。ですから，サイパン島陥落の**同年**に**本土空襲が本格化**します。日本の大都市は無差別攻撃により大きな被害を受けることとなります。

1年後

★★

年号　1945年　東京大空襲(とうきょうだいくうしゅう)

ゴロ　東京大空襲，行く死後の世界へ（1945）

解説　▶本土空襲が始まった**1年後**には**東京大空襲**が起こり，一夜にして10万人がなくなる大惨事となりました。**この年**，日本は終戦を迎ます。

同年

★★

1945年　アメリカ沖縄本島占領

▶サイパン島陥落の**1年後**に，**アメリカは沖縄本島を占領**します。そしてこの年，玉音放送を聞いて，日本は終戦を迎えるのです。

同年

★★
1945年 ヤルタ会談

ゴロ 行くよ いつでも ソ連参戦

▶戦後処理の基本方針について話し合われたのが，**ヤルタ会談**です。また，ここではドイツ降伏後の処理問題や，ソ連の対日参戦など10以上の各種の協定が秘密協定として結ばれました。

同年

★★
1945年 ポツダム宣言

▶**ポツダム宣言**は日本軍の無条件降伏の勧告と日本の戦後処理方針からなる文章です。英・米・中3カ国の名で日本に降伏を勧告しました。

同年

★★
1945年 広島・長崎に原子爆弾投下

▶ポツダム宣言に対して日本政府が「黙殺」するという態度を取ったため，**人類史上初**の**原子爆弾**が投下されます。

同年

★★
1945年 ソ連が参戦する

ゴロ 行くよ いつでも ソ連参戦

▶広島に原子爆弾が投下されると，ソ連はヤルタ秘密協定にもとづいて日本に参戦します。ソ連はポツダム宣言受諾後も日本への侵攻を進め，北方四島を占領しました。

同年

★★★
年号 1945年 ポツダム宣言受諾

ゴロ 行くよ ご難の 終戦に

解説 ▶原子爆弾が投下されソ連が日本に侵攻すると，いよいよ日本は**ポツダム宣言を受諾**します。終戦の詔勅はそれを国民に示したものです。ポツダム宣言の受諾が8月14日で**終戦の詔勅**が8月15日です。終戦の詔勅の内容は昭和天皇自らがラジオ放送で行ないました。

同年

【昭和時代（戦後）】

★★

1945年　東久邇宮稔彦内閣の成立

なぜ？ ▶ポツダム宣言を受諾すると鈴木貫太郎内閣は総辞職し**東久邇宮稔彦内閣**が**誕生**します。初の**皇族内閣**です。国体護持を第一課題とするため皇族が首相となりました。

同年

★★

1945年　降伏文書に調印

▶ポツダム宣言を受諾した翌月の9月2日，東京湾に停泊していたアメリカ軍艦のミズーリ号の船上で，**降伏文書が調印**されます。これにより太平洋戦争は終結します。

同年

★★

1945年　連合国軍の本土進駐

▶日本が降伏文書に調印すると，間もなく**連合国軍が本土に進駐**するようになります。**連合国軍最高司令官総司令部**（略称 GHQ）の指令や勧告にもとづいた，間接支配が始まります。

同年

1945年　東久邇宮稔彦内閣の退陣 → 幣原喜重郎内閣の成立

なぜ？ ▶東久邇宮稔彦内閣は国体護持を掲げていたため，GHQ との間に衝突が起こります。その結果，**東久邇宮内閣は退陣**に追い込まれ，戦前に協調外交路線をとっていた**幣原喜重郎**（右上図）を**首相とする内閣が成立**します。

同年

★★★

年号	1945年	五大改革指令
ゴロ	1 9 4 5 行くよ ゴー 民主化へ	

解説 ▶連合国軍最高司令官総司令部の最高司令官であったマッカーサーは幣原喜重郎首相に対し口頭で**五大改革指令**を示します。内容は婦人参政権，労働組合の結成を奨励すること，教育の自由主義化，圧政的諸制度の撤廃，経済の民主化の5点です。

同年

★★★

年号	1945年	新選挙法／女性参政権
ゴロ	1 9 4 5 行くよ ゴー 女性も選挙に	

解説 ▶五大改革指令にもとづいて**衆議院議員選挙法が改正**されました。ポイントは2点です。**女性に参政権**が与えられたことと，25歳以上だった選挙権を20歳以上に引き下げたことです。これにより人口の50%が選挙権を手に入れることとなりました。

同年

1945年 日本自由党，日本進歩党，日本社会党，日本共産党の結成

▶大政翼賛会のもとで解散させられていた政党が，次々と結成することとなります。日本共産党が初めて合法政党として活動を始めました。

同年

★★★

年号	1945年	労働組合法
ゴロ	1 9 4 5 行くよ ゴー 労働組合結成だ	

解説 ▶五大改革指令にもとづいて，**労働組合法**が制定されました。労働組合の結成助長を目的とした法律です。

同年

★

1945年	15財閥の資産凍結・解体が命じられる

ゴロ 行くよ ゴー(1945) 財閥を解体して経済を民主化だ

▶五大改革指令にもとづいて，**財閥の資産凍結と解体**が命じられました。財閥が日本の経済を牛耳(ぎゅうじ)る状態をなくし，経済の民主化を図りました。➡**1年後**（1946年），**持株会社整理委員会の設置**（☞P.220）

同年

★

1945年	農地改革指令(のうちかいかくしれい)

ゴロ 行くよ ゴー(1945) 農地改革，農民守れ

▶五大改革指令にもとづいて，小作人を解放し，自作農を増やすのが目的で**農地改革指令**が出されました。小作料だけで生活する寄生地主が農地を牛耳っている状態をなくし経済の民主化を図ろうとしたわけです。

➡**1年後**（1946年），**農地改革**（☞P.220）

★★

1945年	国際連合設立(こくさいれんごう)

ゴロ 行くよ ゴー(1945) 世界平和の国際連合

▶世界大戦の再発を防ぐための国際機関として，**国際連合が設立**されました。

1年後

★

1946年	日本労働組合総同盟(そうどうめい)・全日本産業別労働組合会議(ぜんにほんさんぎょうべつ)の結成

ゴロ ひどくよろ(1946)こぶ 労働組合

▶労働組合法が出された**1年後**，全国規模の労働組合が二つ結成されます。右派の**日本労働組合総同盟**と左派の**全日本産業別労働組合会議**です。

同年

★★
1946年　労働関係調整法

ゴロ　労働関係改善されて ひどくよろこぶ

▶労働組合に関しては，まず最初に労働組合法が作られ，その1年後に労働者と資本家の関係を調整する**労働関係調整法**が制定されました。

同年

★
1946年　アメリカ教育使節団の来日

▶教育の自由主義的な改革を指令した**1年後**，**アメリカから教育使節団が来日**します。日本の教育制度を根本から改善する目的です。

★★
1946年　農地改革

ゴロ　農地改革 ひどくよろこぶ 小作人

なぜ？ ▶**第一次農地改革**は戦前の農地調整法を改正する程度であったため GHQ は納得せず，**第二次農地改革**が行なわれました。**自作農創設特別措置法**や**農地調整法改正**が新たに出され，地主制度の解体による自作農の創出を広く目指す，徹底した農地改革が実施されました。

同年

★★
1946年　持株会社整理委員会の設置

なぜ？ ▶財閥の資産凍結・解体が命じられた**1年後**，**持株会社整理委員会**が**設置**されます。持株会社や財閥家族の所有する株式を一般に売り出すための機関として，一部の人たちが財閥の株式を独占するのを防ごうとしたのです。

➡**1年後**（1947年），**独占禁止法**（☞P.222）

★
1946年　極東国際軍事裁判開始

ゴロ　ひどくよろける 戦後処理

▶連合軍が本土に進駐した**1年後**，戦争犯罪者のうち A 級戦犯を裁くために設置され，**極東国際軍事裁判**（東京裁判）が始まります。

➡**2年後**（1948年），**極東国際軍事裁判判決**（☞P.224）

★

1946年 金融緊急措置令（きんゆうきんきゅうそちれい）

ゴロ インフレは ひどくよろ（1946）しくない状態

なぜ? ▶戦争が終わると，日本は急激なインフレーションに見舞われます。日本の敗戦により，日本の貨幣価値が急激に下がったためです。戦争が終わった**1年後**に**金融緊急措置令**を出し，預金を封鎖した上で貨幣流通量を減らそうとしましたが，効果は一時的なものにすぎませんでした。

★★★

年号 1946年 日本国憲法公布（にほんこくけんぽう）

ゴロ 憲法公布で ひどくよろ（1946）こぶ

解説 ▶**日本国憲法**は終戦の**1年後**の11月3日に**公布**されました。この日は現在は文化の日と呼ばれていますが，戦前は明治天皇の誕生日で天長節でした。

➡**1年後**（1947年），**日本国憲法施行**（☞P.222）

★

1946年 公職追放令（こうしょくついほうれい）

▶五大改革指令の圧政的諸制度の撤廃を受けて，**1年後**，戦争協力者の公職からの追放が行なわれました。日本自由党の総裁であった鳩山一郎ら21万名が追放対象となりました。

同年

1946年 天皇の人間宣言（てんのうのにんげんせんげん）

同年

▶また，**同じ年**には**天皇の人間宣言**と呼ばれる「新日本建設に関する詔書」が出されます。

★★★

1947年 日本国憲法施行

ゴロ 憲法施行で 日本は良くなっていくよな（1947）

解説 ▶**日本国憲法**が公布された半年後に，日本国憲法が**施行**されます。新憲法は，主権在民，平和主義，基本的人権の尊重の3原則を明記した，画期的なものでした。

★★

1947年 独占禁止法

ゴロ 独占経済 なくなっていくよな（1947）

▶持株会社整理委員会が設置された1**年後**，**独占禁止法**ができます。財閥が再び生まれないようにするための法律で，持株会社やカルテル・トラストなどが禁止されました。これらは公正取引委員会が監視します。

同年

★★

1947年 過度経済力集中排除法公布

▶独占禁止法を出した上で，巨大独占企業の分割を命じる**過度経済力集中排除法**が出されます。325社が指定を受けましたが，占領政策の転換により実際に分割されたのは11社だけにとどまります。

★★

1947年 労働基準法／労働省設置

ゴロ 労働条件 良くなっていくよな（1947）

▶労働関係調整法が制定された1**年後**，8時間労働制などを指定した**労働基準法**が制定され労働三法が揃うこととなります。労働三法が揃うと労働者のための省庁として**労働省**が**設置**されます。

★★★

年号	1947年	教育基本法・学校教育法

ゴロ **日本の教育 良くなっていくよな**（1947）

解説 ▶アメリカ教育使節団が来日した1**年後**，アメリカ教育使節団の指導にもとづいて**教育基本法と学校教育法が制定**されます。教育基本法では義務教育9年と男女共学が，学校教育法では小学校6年・中学校3年の**六・三制**が定められます。

★

1947年 トルーマン=ドクトリン

▶終戦の2**年後**，アメリカ大統領トルーマンは，ソ連が東欧諸国を支配している状況に対して，ソ連の「封じ込め」の必要があると唱えました。これを**トルーマン=ドクトリン**と言います。

同年

★

1947年 マーシャルプラン

▶アメリカは**マーシャルプラン**にもとづいて，西欧諸国の復興を支援します。ソ連に対抗する力をつけることが狙いで，この動きに対してソ連を中心とする社会主義国家は，反発をしていきます。

同年

1947年 東西冷戦の始まり

ゴロ **東西冷戦 始まっていくよな**（1947）

▶第二次世界大戦が終わった直後，アメリカとソ連の二大大国を軸に，**東西**に分かれた世界の分裂です。1989年に，米ソ首脳により冷戦終結宣言が出されました。

➡1**年後**（1948年），**経済安定九原則**（☞P.224）

同年

★

1947年　二・一ゼネスト中止

▶東西冷戦の始まりを受けて，アメリカを中心としたGHQは，国家公務員による大規模なストライキ計画である**二・一ゼネストを中止**するよう指令しました。

↓ 1年後

★

1948年　政令201号／国家公務員法の改正

▶二・一ゼネストを中止させたGHQは，**政令201号**を発した結果**国家公務員法**が改正されます。これにより官公庁の労働者は争議権を失うこととなります。

★

1948年　教育委員会法公布

▶教育に関する法令が整った**1年後**，**教育委員会**に関する法律が公布されます。教育委員会の委員は，公選制で選ぶこととなりました。

★

1948年　極東国際軍事裁判判決

▶**極東国際軍事裁判**が開始された**2年後**，判決が下されます。全員が有罪となり，そのうち7名が死刑となります。

★★★

年号　1948年　経済安定九原則

ゴロ　1948　行くよ はじまる 経済改革

解説　なぜ？▶冷戦が始まった**1年後**，占領政策を転換したアメリカは，日本を工業国にしようと考えます。しかし日本の経済は戦争のため壊滅的な状態に追い込まれていました。そこでGHQは**経済安定九原則**を示したわけです。これにもとづいて**1年後**ドッジとシャウプが来日し，**ドッジ＝ライン**と**シャウプ勧告**が行なわれるわけです。

➡**1年後**（1949年），**シャウプ勧告**（☞P.226）

★★

1948年　朝鮮民主主義人民共和国／大韓民国独立

ゴロ　行くよ はじまる 朝鮮分断

▶東西冷戦が始まった**1年後**，朝鮮半島で東西冷戦を象徴する出来事が起こります。朝鮮半島北部のソ連占領地域には**朝鮮民主主義人民共和国**が，朝鮮半島南部のアメリカ占領地域には**大韓民国**が**建国**されます。

1年後

★★

1949年　中華人民共和国の建国

▶朝鮮半島が南北に分断した**1年後**に中国の内戦が終わり，中国共産党が中国を支配するようになります。**中華人民共和国の建国**です。東欧に続いて，北朝鮮・中国と極東地域に相次いで社会主義国家が建国されることとなったのです。

★★

1949年　北大西洋条約機構

▶東西冷戦の深刻化に伴い，アメリカと西欧諸国は共同防衛組織である**北大西洋条約機構（NATO）**を結成します。

★★★

1年後

年号　1949年　ドッジ＝ライン

ゴロ　行く，良くなる 日本経済

解説　▶経済安定九原則が出された**1年後**，アメリカから**ドッジ**が派遣され経済政策を指示します。赤字を許さない予算を編成することで財政支出を大幅に削減すると共に，1ドル＝360円の単一為替レートを設定しました。これによって日本のインフレは収束しましたが，一方で深刻な不況を招くことになり，**1年後**には不満を持った労働者等によるものと見られる**国鉄三大事件**が起こります。

➡**同年**（1949年），**下山事件／三鷹事件／松川事件**（☞P.226）

同年

★★★
1949年　単一為替レートの決定／1ドル360円に

なぜ？ ▶ドッジは来日すると，**1ドル＝360円**の**単一為替レートを設定**します。これを行なうことで日本経済は国際経済に直結することとなります。日本の為替レートが安定することで，輸出をしやすくして輸出の振興を図ろうとしました。

同年

★★★
1949年　シャウプ勧告

▶経済安定九原則が出された**1年後**，アメリカから**シャウプ**が来日し大幅な税制改革を行なわせました。具体的には直接税·所得税を中心とする直接税中心主義と累進所得税制が採用されることになります。

★★
1949年　下山事件／三鷹事件／松川事件

ゴロ　19 4 9
幾夜 くるしむ 怪事件

▶国家公務員法が改正された**1年後**，当時国有化されていた日本国有鉄道（現：JR）で，不可解な事件が起こります。国鉄総裁が殺される**下山事件**，列車暴走の**三鷹事件**，列車転覆の**松川事件**です。松川事件では20名が逮捕・起訴されましたが，1963年に全員無罪となりました。

★★
1949年　湯川秀樹ノーベル物理学賞受賞

ゴロ　1 9 4 9
ひどく 良くなる 日本の学問

▶1949年は，日本の学問が新たな発展を遂げた年と言えます。まず**湯川秀樹**が日本人で初のノーベル賞，**ノーベル物理学賞**を受賞しました。未知の中間子，「ニュートリノ」を発見しました。

同年

★
1949年　日本学術会議

▶湯川秀樹がノーベル賞を取った年と同じ年に，あらゆる分野の科学者の代表機関として設立されたのが，**日本学術会議**です。

同年

1949年　岩宿で旧石器文化の遺跡を確認

▶湯川秀樹がノーベル賞を取った年と同じ年に，**相沢忠洋**（右上図）が群馬県で発見した**岩宿遺跡**が，**旧石器文化の遺跡**であると確認されました。日本の考古学も新たな局面を迎えたのです。

同年

★

1949年　法隆寺金堂壁画焼損

ゴロ　幾夜（1949） くるしむ 壁画焼損

▶1949年は，文化的に良い出来事ばかりが起こったわけではありませんでした。法隆寺金堂の壁画が焼損し，文化財に対する保護の必要性が浮き彫りになった年でもあります。また，翌1950年には**鹿苑寺**の**金閣**が放火され全焼する事件が起こりました（1955年に再建）。

1年後

★

1950年　文化財保護法制定

ゴロ　ひどく壊（1950）れた 文化財を保護しよう

▶法隆寺の壁画が損傷した**1年後**，**文化財保護法が制定**されます。

★★

1950年　レッドパージ

▶下山事件などが起こった**1年後**，共産党員に対する弾圧が行なわれます。これを**レッドパージ**と言います。GHQはこれらの事件に日本共産党が関与していると考え，共産党員の弾圧を行ないました。

同年

★★★

年号 1950年 朝鮮戦争（ちょうせん）

ゴロ　1　9 50
ひどく壊れた 朝鮮半島

解説 ▶中華人民共和国が建国された1**年後**，中国共産党による革命に影響を受けた北朝鮮が，北緯38度線を越えて韓国に侵攻し朝鮮戦争が始まります。
➡3**年後**（1953年），**朝鮮戦争休戦協定**（☞P.231）

同年

★

1950年 警察予備隊新設（けいさつよびたい）

ゴロ　1　9 50
ひどく壊れた 占領政策

なぜ？ ▶朝鮮戦争が始まると，在日米軍が朝鮮半島に動員されました。そこで朝鮮戦争と**同じ年**に，日本国内の軍事的空白を埋める目的で組織されたのが**警察予備隊**です。現在の自衛隊にあたります。当初の占領政策である「非軍事化・民主化」は大きく転換されました。

同年

★★

1950年 特需景気の始まり（とくじゅけいき）

ゴロ　1 9　5 0
行く！ ゴー！ 好景気

▶終戦から5**年後**の1950年から**特需景気**が始まります。朝鮮戦争の勃発に伴い武器や弾薬の製造，自動車や機械の修理といったアメリカからの需要が高まったためです。この特需は4年ほど続きました。

同年

★★

1950年 戦前の水準を回復

▶特需景気が始まると，日本は経済的に**戦前の水準**（工業生産，実質国民総生産，実質個人消費）に**回復**しました。朝鮮戦争の特需もあって日本経済は好転し，全産業を巻き込んで復興に向かいました。

★★★

1年後

年号	1951年	サンフランシスコ平和条約
ゴロ	1 9 5 1 ひどくこびる日本，平和条約急ぐため	
解説	なぜ？ ▶朝鮮戦争を機に，アメリカは日本を独立させて西側陣営に組み込もうという動きを加速させます。朝鮮戦争が起こった**1年後**，**サンフランシスコ平和条約**が結ばれ日本の独立が決定します。	

同年

★★★

年号	1951年	日米安全保障条約調印
ゴロ	1 9 5 1 ひどくこびる日本，米軍基地もそのままに	
解説	▶サンフランシスコ平和条約と同時に**日米安全保障条約**を**締結**し，日本国内に独立後もアメリカ軍が駐留を続けることが定められました。 ➡**1年後**（1952年），**日米行政協定**（☞P.230）	

同年

★★

1951年	日本社会党分裂
▶サンフランシスコ平和条約はソ連などが調印拒否するなど，すべての交戦国との間の平和条約ではありませんでした。その結果この条約に反対する動きが起こり，**日本社会党は左右に分裂**することになります。	

1年後

★★★

年号	1952年	日本の独立
ゴロ	19 5 2 得意になるさ 日本の独立	
解説	▶サンフランシスコ平和条約にもとづいて，サンフランシスコ平和条約が締結された**1年後**，**日本**は**独立**を果たします。	

★★★

年号 1952年 日米行政協定

ゴロ 特異になる 米軍駐留

解説 ▶日米安全保障条約を締結した1**年後**，**日米行政協定**が締結され，日本は駐留軍に基地を提供することや駐留費用を分担することが定められました。

同年

1952年 血のメーデー事件

▶日本が独立した年の最初の**メーデー**では，デモ隊が皇居前広場に入って警官隊と衝突し，多数の死傷者を出す事件が起こりました。

同年

★

1952年 破壊活動防止法成立／公安調査庁の設置

ゴロ 得意になるやつ 取り締まれ

なぜ? ▶血のメーデー事件をきっかけに極左などの暴力主義的な破壊活動を規制する法律として**破壊活動防止法が成立**し，それを調査するための機関として**公安調査庁が設置**されました。

同年

★

1952年 IMF 加盟／世界銀行加盟

なぜ? ▶日本は独立をきっかけに IMF（**国際通貨基金**）と IBRD（**世界銀行**）に加盟します。この二つの機関は独立国家でないと加盟できないため独立と**同じ年**に加盟したのです。

同年

★

1952年 保安隊設置

なぜ? ▶また，独立をきっかけに警察予備隊が**保安隊**に改組されます。ですから，これも独立と**同じ年**になるのです。後に自衛隊に改編されました。

同年

★

1952年 日華平和条約

▶独立を果たした日本は，中華民国政府と**平和条約**を結びます。平和条約を結ぶということにより，戦争状態が終了したことになります。

★

1953年 朝鮮戦争休戦協定

▶朝鮮戦争は3**年後**，板門店で**休戦協定**が結ばれます。あくまでも休戦なので，その後21世紀に至るまで南北朝鮮の戦闘状態は終わっていないということになります。北緯38度線を境に，朝鮮半島が南と北に分断する状態は続いているのです。

1年後

1953年 内灘基地反対闘争

▶日米行政協定により，日本は駐留軍に基地を提供することが定められました。その結果，基地建設が始まることになり基地建設に反対する運動が起こります。日米行政協定が締結された1**年後**，石川県で起こるのが**内灘基地反対闘争**です。米軍施設の反対運動が全国化するきっかけになりました。

★

1953年 奄美諸島返還

▶日本が独立した1**年後**，奄美大島をはじめとした**奄美諸島**が**返還**されます。奄美諸島が返還された後も，小笠原諸島と沖縄は返還されないままでした。

➡15**年後**（1968年），**小笠原諸島返還実現**（☞P.238）

★

1953年 テレビ放送開始

ゴロ テレビに出るの得意さ（19 5 3）

▶ラジオ放送の開始は大正時代でしたが，テレビ放送の開始は戦後のことです。独立の1**年後**に**テレビ放送が開始**されました。

※私（著者）はテレビに出演するのは得意ではありませんが，ゴロは「得意さ」にしておきました。

★★★

年号	1954年	MSA 協定

ゴロ　防衛 得意よと 日本も言いなさい

解説

なぜ？ ▶日本の独立をきっかけに，アメリカは日本の軍事力増強を要求してきます。これに対して日本はアメリカの経済援助と引き換えに自衛力を増強することを約束します。これを **MSA 協定**と言います。

同年

★★

1954年	防衛庁発足／自衛隊発足

ゴロ　日本を守ることは 得意よ

▶ MSA 協定を締結したことをきっかけに，保安隊は陸・海・空の三隊からなる**自衛隊**に改組されます。自衛隊は新しく設置された**防衛庁**の管轄に置かれます。

※防衛組織の名前の変遷は朝鮮戦争からちょうど2年ごととなっています。
1950 年：警察予備隊 → 1952 年：保安隊 →1954 年：自衛隊

同年

★

1954年	新警察法

ゴロ　日本を守ることは 得意よ

▶また自衛隊が発足したのと**同じ年**に，警察権力の中央集権化を図ります。自治体警察を廃止し，警察署の指揮下に置かれる都道府県警察に一本化します。自衛隊が発足した年と同じだと押さえておくと覚えやすいでしょう。

1955年	砂川事件

▶日米行政協定が結ばれた**3年後**，東京都で**砂川事件**が起こります。米軍立川飛行場拡張反対闘争で，流血事件にもなりました。

★★

1955年 日本社会党統一

ゴロ 行くぞ ゴーゴー 社会党統一 (1 9 5 5)

▶1951年のサンフランシスコ平和条約締結を巡って，右派と左派に分かれていた**日本社会党**は**4年後**の1955年に**再統一**します。日本社会党統一のきっかけは，**1年前**に，保守勢力が自由党と日本民主党に分裂したことがきっかけです。

➡**4年前**（1951年），**サンフランシスコ平和条約**（☞P.229）

➡**4年前**（1951年），**日本社会党分裂**（☞P.229）

➡**1年前**（1954年），**日本民主党の結成，鳩山一郎内閣の成立**

同年

★★★

年号 1955年 保守合同

ゴロ 行くぞ ゴーゴー 保守合同 (1 9 5 5)

解説 ▶日本社会党の再統一を受けて，自由党と日本民主党に分裂していた**保守勢力**は**合同**する動きを見せます。その結果，結成されたのが自由民主党です。保守合同の背景には財界の強い要望がありました。

同年

★★★

年号 1955年 55年体制

ゴロ 行くぞ ゴーゴー体制 (1 9 5 5)

解説 ▶**55年体制**がスタートするのが1955年です。自由民主党が国会の議席数の過半数を，日本社会党が国会の議席数の3分の1をしめる体制です。こうなることによって自由民主党が安定政権を維持しながら，日本社会党が憲法改正を阻止するという体制になっていきました。

同年

★★★

年号 1955年 神武景気の始まり

ゴロ 行くぞ（19） ゴー（5）ゴー（5） 神武景気

解説 ▶特需景気の**5年後**，日本はかつてない大型景気を迎えます。かつてない，日本の最初の天皇である神武天皇以来の好景気であるという意味で**神武景気**と名づけられました。朝鮮復興資材の輸出，世界的な好況の影響もありました。

同年

★★

1955年 高度経済成長の始まり

▶神武景気が始まると共に日本は**高度経済成長の時代**に入りました。高度経済成長の時代は，1973年まで続きます。

1年後

★★

1956年 もはや戦後ではない

ゴロ 経済復興 行く頃（1956）合い

▶神武景気の**1年後**の経済白書には「**もはや戦後ではない**」と記されました。これは日本経済が完全に復興したことを示すものです。

★★★

年号 1956年 日ソ共同宣言

ゴロ ソ連 行く頃（1956） 国交回復

解説 ▶日本が**ソ連との国交を回復**したのは1956年のことです。1950年代後半と言うと，東西冷戦の対立が緩和される動きが生まれた頃です。東西冷戦の対立の緩和を「雪どけ」と言います。

同年

★★★

年号	1956年	国際連合加盟

ゴロ　国連 行く頃 国連加盟（1 9 56）

解説　なぜ？▶日本がソ連と国交を回復した**同年**，日本は国際連合の加盟をソ連から認められることになったため，**国際連合の加盟**が実現しました。

★★★

年号	1960年	日米相互協力及び安全保障条約

ゴロ　一つ苦労は 日米安保（1 9 60）

解説　▶岸信介は安保改定に消極的だったアメリカを説得して新しい**安保条約**を調印し，アメリカの日本防衛義務と在日米軍の日本や極東での軍事行動に対して事前協議制をとることが明記されました。

同年

★

1960年　民主社会党結成

▶日米相互協力及び安保条約締結を巡り，日本社会党の右派は，日本社会党を離党して**民主社会党を結成**しました。

同年

★★

1960年　岸信介内閣退陣

▶日米相互協力及び安保条約締結を巡り，国内では大学生を中心に安保闘争や反対運動が起こりました。**岸信介**は条約が発行した後，**内閣を総辞職**しました。

同年

★★

1960年　池田勇人内閣成立

▶岸信介内閣に代わって登場するのが，**池田勇人内閣**です。「経済の池田」と呼ばれるだけあって様々な経済政策を行なっていました。

同年

★★★

年号　1960年　所得倍増計画

ゴロ　1　9 60
一つ苦労 所得倍増

解説　▶内閣総理大臣に就任した池田勇人は**所得倍増計画**をうち出しました。国民の所得を2倍にするという夢のような計画ですが，この計画はなんと**7年間**で実現してしまいます。

↓ 1年後

★ **1961年　農業基本法制定**

▶所得倍増計画を出した1**年後**，池田勇人内閣は**農業基本法**を公布します。農業の機械化などに補助金を出すことによって農業を効率化させ，国民の所得を倍増して行こうと考えたわけです。

↓ 1年後

★ **1962年　LT貿易**

▶日華平和条約を結んだ10**年後**，日本は中華人民共和国と準政府間貿易（**LT貿易**）を始めました。国交のない中華人民共和国との間の貿易です。

↓ 2年後

★ **1964年　IMF8条国に移行／ OECD 加盟**

ゴロ　1 9 6 4
一苦労した結果さ 経済自立

▶所得倍増計画は順調に成果を上げ，4**年後**には日本は **IMF8条国に移行**して，**OECD に加盟**します。IMF8条国への移行により為替の自由化が，OECD の加盟により資本の自由化が義務付けられることとなり，日本は経済的に自立した国と国際的に認められるようになったのです。

‖ 同年

★★★

年号	1964年 東海道新幹線開通
ゴロ	一苦労した結果の新幹線 (1964)
解説	▶五輪はインフラの整備をもたらします。長野新幹線も長野五輪の開催をきっかけに整備されました。ですから，東京オリンピックの**同年**に東海道新幹線が開通したとおさえてください。

同年

★★★

年号	1964年 東京オリンピック開催
ゴロ	一苦労，4年に一度のオリンピック (196 4)
解説	▶高度経済成長の最盛期である1960年代半ば，日本の高度経済成長を象徴するように東京オリンピックが開催されました。五輪は4の倍数の年に開催されるので，1960年代は1960年，1964年，1968年の3つ。このうち1960年代半ばのものは東京オリンピックしかありません。

★★★

1965年 日韓基本条約（にっかんきほんじょうやく）

ゴロ 一苦労後 日韓国交 (1965)

▶**日韓基本条約**は佐藤栄作（右上図）内閣のもとで結ばれました。1910年に韓国を併合するよりも前に結ばれた条約の無効を確認し，韓国を「朝鮮半島における唯一の政府」と認めました。

★

1965年 アメリカ，ベトナムの北爆（ほくばく）を開始

ゴロ 一苦労後 ベトナム戦争 (1965)

▶1960年代，**アメリカ**は**ベトナムへの介入**を本格化させます。これがベトナム戦争です。ベトナム戦争が始まった結果，沖縄や日本本土はアメリカ軍の前線基地となります。このことは，日本に戦争に伴う好景気をもたらす一方で，沖縄の祖国復帰を求める声が強く上がってくるきっかけともなりました。

★

1967年 所得倍増の実現

ゴロ [1 9 6 7]一苦労な **所得倍増**

▶所得倍増計画は10年計画でしたが，それよりも**3**年早い**7年後**の**1967**年に**所得倍増が実現**しました。日本はまさしく高度経済成長の真っ只中だったというわけです。

➡**7年前**（1960年），**所得倍増計画**（☞P.236）

同年

★★

1967年 公害対策基本法制定

ゴロ [1 9 6 7]一苦労な **公害問題**

▶所得倍増が実現するほどの経済成長は，一方で公害問題という副産物を生み出していました。所得倍増が実現した年，政府は公害問題に対して**公害対策基本法**を出すことで対処します。

➡**4年後**（1971年），**環境庁の設置**

1年後

同年

★

1968年 GNP資本主義国で第2位に

ゴロ [1 9 6]一苦労，[8]やったぜ **GNP2位だ**

▶所得倍増が実現した**1年後**，日本の国民総生産（**GNP**）はアメリカに次いで**資本主義諸国で第2位**にまで成長します。当時日本の経済成長率は年平均10％を上回っていました。

★

1968年 小笠原諸島返還実現

なぜ？ ▶奄美諸島が返還されたちょうど**15年後**，**小笠原諸島の返還が実現**しました。ベトナム戦争が始まった**3年後**，小笠原諸島返還が実現したのは偶然ではありません。ベトナム戦争の激化に伴い祖国復帰を求める運動が再び高まってきたからです。

1969年	日米共同声明（沖縄1972年に返還へ）

▶ベトナム戦争が始まった**4年後**，沖縄が返還されることが決定しました。それが**日米共同声明**です。「核抜き・本土並み」の沖縄返還で合意されました。

★★★

年号	**1970年**	**日本万国博覧会開催**
ゴロ		**人来るなれば 万博開催**
解説		▶東京オリンピックの**6年後**，**日本万国博覧会**が大阪で開催されます。太陽の塔がシンボルの，日本の経済発展を象徴するイベントでした。

★★

1971年	沖縄返還協定

▶日米共同声明の**2年後**に，**沖縄返還協定**が結ばれます。

➡**1年後**（1972年），**沖縄祖国復帰実現**（☞P.240）

同年

★★

1971年	1ドル＝308円に

ゴロ **308円，ひどくない？**

▶1971年，1ドルが360円から**308**円に切り上げられます。

同年

1971年	ドル危機

▶ベトナム戦争の泥沼化によりアメリカの国際収支はさらに悪化します。それが**ドル危機**です。

同年

1971年　新経済政策の発表

▶アメリカ大統領ニクソンは，**同年**，ドル危機を切り抜けるために金とドルとの交換停止や10%の輸入課徴金など**新経済政策**を発表しました。しかし，様々な策を打ってもインフレは改善しませんでした。

同年

★

1971年　ニクソン=ショック

▶新経済政策を発表したアメリカ大統領ニクソンは，**同年**，日本やドイツなどに対して大幅な為替レートの切り上げを要求します。それが**ニクソン=ショック**です。

★★

1972年　沖縄祖国復帰実現

ゴロ　人苦難に耐えた 沖縄返還

▶沖縄返還協定が調印された**1年後**，沖縄返還協定が発効され，**沖縄の日本復帰**は**実現**しました。

★★★

年号　1972年　日中共同声明

ゴロ　一苦難 日中友好 いつまでも

解説　▶中華人民共和国との準政府間貿易を始めた**10年後**，日本は中華人民共和国と国交を樹立します。この年に，沖縄返還も実現しました。

★★

1973年　円の変動為替相場制移行

ゴロ　行く波 超えて 変動相場

なぜ？ ▶アメリカのニクソン=ショックのために1ドル308円に切り上げられた**2年後**，再びドルに対する不安が増しました。そのため，日本は西欧諸国と共に**変動為替相場制**に移行することとなりました。

同年

★★

1973年	第4次中東戦争→石油危機

ゴロ 行く波 超えて 石油危機

▶**石油危機**のきっかけは，**第4次中東戦争**の勃発です。アラブ石油輸出国機構は，イスラエルを支援する欧米や日本に対して石油の輸出を制限し，原油価格を4倍に引き上げました。

↓ 1年後

★★★

年号	1974年	戦後初のGNPマイナス成長

ゴロ 行くなよ 経済成長 終焉に

マイナス

解説

▶変動為替相場制に移行した1**年後**，日本は**GNP**で戦後初の**マイナス成長**となります。高度経済成長を支えていた安い円でなくなったからです。

※石油危機により，高度経済成長を支えていた安い石油を使って安く製品を作るという体制が崩壊します。その結果高度経済成長は終わり1年後GNPは戦後初のマイナス成長になるわけです。

★

1976年	ロッキード事件問題化

ゴロ 元首相が逮捕され，世の中はひどくなろう

▶**ロッキード事件**は航空機を巡る収賄事件でした。元首相である田中角栄が逮捕されるという，前代未聞の事件となりました。

★

1978年	日中平和友好条約

ゴロ 人苦難，やっと終わって 平和条約

▶日本が中華人民共和国と国交を樹立した6**年後**に，日本は中国と**平和友好条約**を締結することになります。

★

1978年　新東京国際空港開港

ゴロ 海外行くな(197)ら や(8)っぱり成田

▶ロッキード事件が問題化した**2年後**，千葉県の成田市に**新東京国際空港が開港**します。

★

1983年　参議院比例代表制による初の選挙

ゴロ 比例で行くは(198) 参(3)議院

▶現在一般的な**比例代表制**は，1983年に**参議院**から導入されました。

★

1987年　JR新会社

ゴロ ＪＲ以外で 行くはない(1987)

▶1980年代，電電公社・専売公社・国鉄の民営化が行なわれます。国鉄は民営化されJRとなりました。

★★

年号　1989年　消費税の実施

ゴロ　ひどく(1) や(9)だと く(8)るしむ消費税　(1 9 8 9)

解説　▶商品の販売やサービスの提供にかかる**消費税**は，竹下登内閣のもとで実施されます。最初の税率は**3%**でした。

同年

1989年　参議院選挙で与野党逆転

▶消費税が導入されると，**参議院選挙**で**与野党が逆転**する現象が起きます。日本社会党が自由民主党の議席数を上回るのです。

★★

年号	1989年	冷戦の終結／ベルリンの壁撤去（かべてっきょ）
ゴロ	いくばく（1989）あって 冷戦終結	
解説	▶地中海のマルタで開かれたアメリカとソ連の**マルタ会談**で，**東西冷戦の終結**が決まりました。その結果，東ドイツと西ドイツの統一も実現し**ベルリンの壁が撤去**されたのです。	

2年後

★

1991年	ソ連の消滅
ゴロ	ソ連がなくなって行く（19），悔い（91）はなし
	▶冷戦が終結した2**年後**，**ソ連が消滅**します。ソ連はロシアと周辺諸国に分裂します。

同年

★

1991年	湾岸戦争（わんがん）
ゴロ	冷戦終わっても戦争行く（19），悔い（91）だらけ
	▶冷戦終結後，イラクのクウェート侵攻を機に**湾岸戦争**が始まります。アメリカ軍を主力とする多国籍軍がイラクへ武力制裁を加えました。

1年後

★★★

年号	1992年	PKO協力法（きょうりょくほう）成立
ゴロ	日本は戦争 行く国（1992）に	
解説	なぜ？ ▶湾岸戦争に対する国際貢献を迫られた日本は多額の経済援助をします。しかしそれでも世界は納得せず，国連平和維持活動で対応するよう迫ります。そのため，**PKO協力法が成立**することとなり，**自衛隊**は**海外に派遣**されることとなるわけです。	

同年

20世紀【昭和時代（戦後）】

1992年 佐川急便事件

▶**佐川急便**の社長らが，暴力団系企業に巨額の債務保証や政治家に巨額献金をしていたという**汚職事件**です。

↓ 1年後

1993年 ゼネコン汚職事件

▶ PKO 協力法に対する批判が渦巻いているなか，公共事業の入札をめぐる**汚職事件**が起こります。また，前建設相も**斡旋収賄**で逮捕されました。

‖ 同年

★★

1993年 自由民主党分裂

ゴロ 自民を辞めて連立 行く組（1 9 93）

▶ PKO 協力法への批判と疑獄事件により，**自由民主党は分裂**します。地方選挙では保守分裂（自民系が複数出馬）選挙となりました。

‖ 同年

★★

年号 1993年 非自民連立内閣の成立

ゴロ 連立行く組（1 9 93） 非自民

解説 ▶分裂した自由民主党は衆議院議員選挙で敗北し，結党以来初めて野党となります。その結果，誕生したのが共産党を除く**非自民8党派連立内閣**でした。

↓ 1年後

1994年 日本社会党・さきがけ・自由民主党3党連立内閣の成立

▶非自民連立内閣ができた**1年後**，日本社会党と自由民主党などによる**連立政権が誕生**します。55年体制（自民党と社会党が相対峙する体制）で対立していた自由民主党と日本社会党が連立したことは国民に大きな衝撃を与えました。

★

1997年	アイヌ文化振興法の成立
ゴロ	幾苦難(1997)超えた アイヌ民族
▶1997年**アイヌ民族の文化振興**と，知識の普及を推進することを目的とした法律が制定されました。1899年に制定された北海道旧土人保護法は廃止されることとなります。	

★

1997年	新ガイドライン
ゴロ	後方支援，行く苦難(1997)
▶在日米軍の行動範囲をアジア太平洋地域とし，日本の周辺で有事が起こった際に自衛隊がアメリカの後方支援にあたることができるように定めたものが**日米新ガイドライン**です。	

2年後

★★★

年号	1999年	新ガイドライン関連法
ゴロ	後方支援，行く汲々(1999)	
解説	▶2年後，**新ガイドライン関連法**が成立します。日本の周辺事態に当てはまる地域とは地理的にどこまでなのかという疑問は，国会で明確にはなりませんでした。	

【総復習】全時代のゴロ音声を再生 ▶▶▶

▶右のQRコードを読み込むと、全時代（原始～昭和）のゴロ音声が再生されます（約1時間32分）。本書の総復習や聞き流し学習などに適宜ご活用ください。☞

COLUMN—4 近代・現代のあらすじ

明治時代になると，新政府は，殖産興業・富国強兵をかかげつつ，欧米にならった新しい政策・改革を次々と断行。不平士族を中心とする数々の暴動・反乱をおさえながら，全国を統治する近代的な国家体制を構築した。この日本を一新する一連の大改革を明治維新とよぶ。

欧米にならって近代化を進めた日本は，欧米同様に海外への勢力拡大を図るようになる。大陸進出への足がかりとして，朝鮮を開国させると，同国の支配権をめぐって清と衝突。**日清戦争**が勃発した。これに圧勝した日本は，多額の賠償金と中国領土である遼東半島・台湾などを入手。しかし，同じく東アジア進出をもくろむロシアは日本の大陸進出を許さず，両国は衝突して**日露戦争**に発展する。この戦争で両国は疲弊し，日本の辛勝で講和が成立。日本は南満州の権益を手に入れ，大陸への進出拠点を確保した。欧米圏外の国で初めて欧米列強と互角に戦った日本は，その後，国際的地位を高め，韓国を段階的に併合した。

大正時代，ヨーロッパを中心に**第一次世界大戦**が勃発する。日英同盟を理由に参戦した日本は，中国におけるドイツ領を奪取。また，大戦で軍需品・日用品などの特需が起こり，日本は空前の好景気を迎えた。しかし，大戦が終結すると，戦後恐慌や関東大震災の影響で，日本経済は長い不況に見舞われる。

昭和時代には，アメリカの金融恐慌が世界中に波及して**世界恐慌**となり，日本経済も深刻な不況に陥る。英・仏などの列強はブロック経済で自国植民地以外との貿易を停止。資源と市場を失った日本は，ドイツ・イタリアと同様，海外の植民地拡大に活路を見出すことしかできなくなった。そして，軍部・右翼の力が強大化した日本は，満州国を建国（満州事変）。これを非難する国際連盟から脱退し，さらに南下して中国との**日中戦争**に突入した。日本の大陸進出に対して，アジア地域での利権喪失を危惧する米・英は中国を援助し，戦争は泥沼化していく。1939年，ポーランドへの侵攻を開始したドイツに英・仏が宣戦布告し，**第二次世界大戦**が始まる。日本がドイツ・イタリアと同盟を結んで中国のさらに南方へ進出（仏印進駐）すると，アメリカは一層厳しい経済制裁を課すなど，両国の関係は悪化の一途をたどる。1941年12月，米国との交渉に見切りをつけた日本は，ハワイの真珠湾に奇襲攻撃をかけて米・英に宣戦布告。**太平洋戦争**が勃発する。国家総動員で緒戦に連勝した日本は，東南アジアから南太平洋にかけての広大な地域を制圧するものの，ミッドウェー海戦での大敗を機に形勢が逆転。米軍の反撃で，サイパン島，レイテ島，硫黄島などが次々と玉砕していき，沖縄本島も占領される。イタリア・ドイツの降伏後も，なお抗戦の構えを崩さなかった日本に対し，アメリカは広島・長崎に原子爆弾を投下。ついに日本は降伏し，第２次世界大戦が終結した。

戦後，人類に多大な犠牲をもたらした大戦への反省から，各国が協調して世界の平和と秩序を維持するために**国際連合**が設立される。日本は連合国に占領され，アメリカのマッカーサーを司令官とするGHQのもと，非軍事化・民主化のための様々な改革が実施された。二度の世界大戦で戦場となった西欧諸国が凋落すると，世界の覇権はアメリカ（資本主義）とソ連（社会主義）に二分され，主義の違いから両陣営の利害が対立。世界中を巻き込んだ「**冷戦**」に発展する。中華民国では，農民の支持を受けた共産党が，アメリカが支持する国民党に内戦で勝利し，毛沢東を主席とする**中華人民共和国**が成立。ソ連の社会主義陣営に加わった。社会主義陣営の拡大に危機感を抱いたアメリカは，対日占領政策を転換。主要友好国として日本を復興させ，東アジア・北太平洋における資本主義陣営の「砦」として強化する方針に舵を切る。大戦後の朝鮮半島は，北緯38度線を境に北（=北朝鮮）をソ連，南（=韓国）をアメリカが占領し，南北分断状態が続いていたが，1950年，中国革命の成功に触発された北朝鮮が韓国に侵攻し，**朝鮮戦争**が勃発する（1953年に休戦）。戦時中，日本は独立国としての主権を回復し，また米軍による武器・弾薬などの特需が発生したため，経済も一気に戦前の水準にまで回復した。

1960年代，日本は積極的な産業政策と技術革新で高度経済成長を果たし，アメリカに次ぐ資本主義国第２位のGNPを実現。70年代には二度の石油危機に見舞われるも，「省エネ」型の産業・生活で克服。安定成長の軌道に乗った日本は，80年代に経済大国となり，80年代後半にはバブル経済を迎えた。しかし，**平成時代**にかわってすぐの90年代初頭にバブル経済が崩壊すると，そこから「失われた20年」ともいわれる長い不況が続くことになる。

2019年5月1日，天皇の生前退位により，平成から**令和**に改元され，新しい時代の幕が開けた。景気は回復のきざしを見せるものの，デフレ経済，少子・高齢化，労働人口の減少，深刻な財政赤字，社会保障制度の改革，環境問題など，なお乗り越えるべき課題は多い。そして，このあとの歴史は，「今」の若者たちが織りなしていく――。

INDEX

索引

この索引には，本文に掲載された歴史事項（＝薄い赤地色の部分）に含まれる「日本史用語」が五十音順に整理されています。
※解説に含まれる用語は掲載していません。
※索引の用語は，教科書や用語集の形にそろえて直しているため，一部本文と索引で用語の形が異なるものがあります。

し

す

せ

そ

た PAGE▼

ち

て

と

な

PAGE▼

に

ぬ

の

は PAGE▼

ひ

ふ

へ

ほ

ま PAGE▼

み

む

め

も

や PAGE▼

ゆ

よ

ら PAGE▼

り

る

れ

ろ

わ PAGE▼

あとがき

POSTSCRIPT

1221年，後鳥羽上皇は承久の乱を起こしました。
1221は線対称の年代です。
真ん中の2をすべて3に変えると1331年になります。
1331年は，後醍醐天皇が元弘の変という倒幕計画を起こした年です。
後醍醐天皇は元弘の変の結果，後鳥羽上皇と同じ隠岐に流されます。
線対称の年代の出来事がきっかけで，
二人とも隠岐に流されてしまったわけです。
線対称の呪いはまだまだ続きます。
真ん中の3を4に変えましょう。1441年です。
室町幕府6代将軍足利義教が赤松満祐に暗殺される嘉吉の変です。
将軍暗殺をきっかけに室町幕府の権力は地に落ちていきます。
さらに真ん中の数字を5に替えてみます。1551年です。
この年には大内氏が滅亡します。
大内氏は地方の大名ですが，日明貿易で莫大な富を得て，
水墨画を代表する雪舟などを招いて一時代を築いた人物です。
この人物が滅ぶことと時を同じくして，
新たなヒーローである織田信長が登場するのです。
そういえば1991年にはバブル景気が終わって，
これ以降日本経済は停滞していきます。
その前の1881年には松方デフレによる……
と，こういうことを話し出すとキリがありません。
線対称は数字の遊びのようなものかもしれませんが，
このように色々と関連づけながら頭に入れていけば，
日本史の年代はスラスラと頭に入ります。
本書を一度読み終わった後は，音声を聞きながら繰り返し復習し，
不毛な年代暗記に終止符を打ってください。
何度でも言います。
年代は，暗記するものではありません。

著者　金谷俊一郎

ゴロ合わせ音声収録「朗読むすめ」

原始・古墳時代	堀宮菜々子
飛鳥時代	青木めぐ
奈良時代	杣まそ
平安時代	山城絢奈
鎌倉時代	蓮実アレン
室町時代	島田優理子
安土・桃山時代	萬海歌
江戸時代	曽根さとみ・田中なずな
幕末	湯本佳月
明治時代	青木めぐ・萬海歌
大正時代	堀宮菜々子
昭和時代（戦前）	美波花音・石井るい
昭和時代（戦後）	杣まそ・辻紗樹・松尾有紀

ディレクション	青木めぐ
監修	金谷俊一郎
録音	Aquädukt Studio

※朗読むすめ…オーディションで選ばれた，歴史系・教育系に特化した朗読ユニット。ミュージカル女優，声優，アイドル，アナウンサー，ラジオパーソナリティー，国立大学講師など多彩なメンバーで構成。

【訂正のお知らせはコチラ】 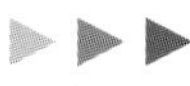

本書の内容に万が一誤りがございました場合は，東進 WEB 書店（https://www.toshin.com/books/）の本書ページにて随時お知らせいたしますので，こちらをご確認ください。☞

「なぜ」と「流れ」でおぼえる
日本史年代暗記

発行日：2022 年 11 月 30 日　初版発行
2024 年 11 月 11 日　第 4 版発行

著　者：**金谷俊一郎**

発行者：**永瀬昭幸**

発行所：株式会社ナガセ
〒 180-0003 東京都武蔵野市吉祥寺南町 1-29-2
出版事業部（東進ブックス）
TEL：0422-70-7456 ／ FAX：0422-70-7457
URL：http://www.toshin.com/books（東進 WEB 書店）
※東進ブックスの最新情報は東進 WEB 書店をご覧ください。

編集担当：八重樫清隆

制作協力：紫草学友舎
編集協力：山下芽久　桑原由佳　佐廣美有　中村みなみ　栗原咲紀
本文イラスト：水野歌〈原始～近世〉　Oz〈近代・現代〉
カバーデザイン：山口勉
音声出演：朗読むすめ〈☞P.255〉
DTP：東進ブックス編集部
印刷・製本：シナノ印刷㈱

ISBN978-4-89085-917-7　C7321

合格の秘訣1

全国屈指の実力講師陣

東進の実力講師陣 数多くのベストセラー参考書を執筆!!

東進ハイスクール・東進衛星予備校では、そうそうたる講師陣が君を熱く指導する！

本気で実力をつけたいと思うなら、やはり根本から理解させてくれる一流講師の授業を受けることが大切です。東進の講師は、日本全国から選りすぐられた大学受験のプロフェッショナル。何万人もの受験生を志望校合格へ導いてきたエキスパート達です。

英語

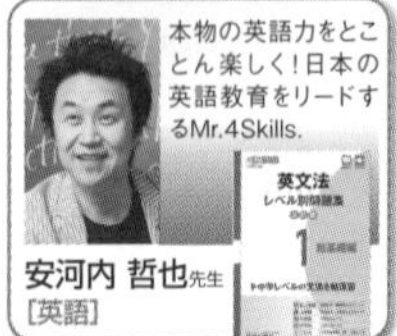

本物の英語力をとことん楽しく！日本の英語教育をリードするMr.4Skills.

安河内 哲也先生 ［英語］

100万人を魅了した予備校界のカリスマ。抱腹絶倒の名講義を見逃すな！

今井 宏先生 ［英語］

爆笑と感動の世界へようこそ。「スーパー速読法」で難解な長文も速読即解！

渡辺 勝彦先生 ［英語］

雑誌『TIME』やベストセラーの翻訳も手掛け、英語界でその名を馳せる実力講師。

宮崎 尊先生 ［英語］

いつのまにか英語を得意科目にしてしまう、情熱あふれる絶品授業！

大岩 秀樹先生 ［英語］

全世界の上位5％(PassA)に輝く、世界基準のスーパー実力講師！

武藤 一也先生 ［英語］

関西の実力講師が、全国の東進生に「わかる」感動を伝授。

慎 一之先生 ［英語］

数学

数学を本質から理解し、あらゆる問題に対応できる力を与える珠玉の名講義！

志田 晶先生 ［数学］

論理力と思考力を鍛え、問題解決力を養成。多数の東大合格者を輩出！

青木 純二先生 ［数学］

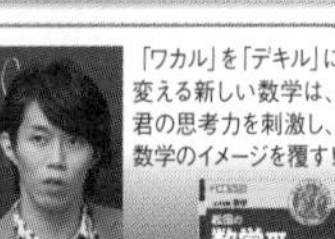

「ワカル」を「デキル」に変える新しい数学は、君の思考力を刺激し、数学のイメージを覆す！

松田 聡平先生 ［数学］

明快かつ緻密な講義が、君の「自立した数学力」を養成する！

寺田 英智先生 ［数学］

国語

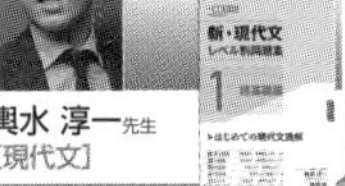
「脱・字面読み」トレーニングで、「読む力」を根本から改革する！
輿水 淳一先生
[現代文]

明快な構造板書と豊富な具体例で必ず君を納得させる！「本物」を伝える現代文の新鋭。
西原 剛先生
[現代文]

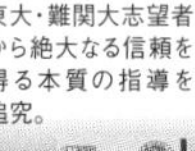

東大・難関大志望者から絶大なる信頼を得る本質の指導を追究。
栗原 隆先生
[古文]

ビジュアル解説で古文を簡単明快に解き明かす実力講師。
富井 健二先生
[古文]

縦横無尽な知識に裏打ちされた立体的な授業に、グングン引き込まれる！
三羽 邦美先生
[古文・漢文]

幅広い教養と明解な具体例を駆使した緩急自在の講義。漢文が身近になる！
寺師 貴憲先生
[漢文]

小論文、総合型、学校推薦型選抜のスペシャリストが、君の学問センスを磨き、執筆プロセスを直伝！
正司 光範先生
[小論文]

文章で自分を表現できれば、受験も人生も成功できますよ。「笑顔と努力」で合格を！
石関 直子先生
[小論文]

理科

正しい道具の使い方で、難問が驚くほどシンプルに見えてくる！
宮内 舞子先生
[物理]

化学現象を疑い化学全体を見通す“伝説の講義”は東大理三合格者も絶賛。
鎌田 真彰先生
[化学]

「なぜ」をとことん追究し「規則性」「法則性」が見えてくる大人気の授業！
立脇 香奈先生
[化学]

「いきもの」をこよなく愛する心が君の探究心を引き出す！生物の達人。
飯田 高明先生
[生物]

地歴公民

歴史の本質に迫る授業と、入試頻出の「表解板書」で圧倒的な信頼を得る！
金谷 俊一郎先生
[日本史]

つねに生徒と同じ目線に立って、入試問題に対する的確な思考法を教えてくれる。
井之上 勇先生
[日本史]

“受験世界史に荒巻あり”と言われる超実力人気講師！世界史の醍醐味を。
荒巻 豊志先生
[世界史]

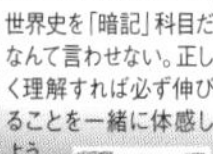

世界史を「暗記」科目だなんて言わせない。正しく理解すれば必ず伸びることを一緒に体感しよう。
加藤 和樹先生
[世界史]

どんな複雑な歴史も難問も、シンプルな解説で本質から徹底理解できる。
清水 裕子先生
[世界史]

わかりやすい図解と統計の説明に定評。
山岡 信幸先生
[地理]

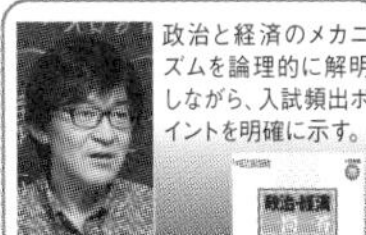

政治と経済のメカニズムを論理的に解明しながら、入試頻出ポイントを明確に示す。
清水 雅博先生
[公民]

「今」を知ることは「未来」の扉を開くこと。受験に留まらず、目標を高く、そして強く持て！
執行 康弘先生
[公民]

※書籍画像は2024年10月末時点のものです。

合格の秘訣2

ココが違う 東進の指導

01 人にしかできないやる気を引き出す指導

夢と志は志望校合格への原動力！

夢・志を育む指導

東進では、将来を考えるイベントを毎月実施しています。夢・志は大学受験のその先を見据える、学習のモチベーションとなります。仲間とワクワクしながら将来の夢・志を考え、さらに志を言葉で表現していく機会を提供します。

一人ひとりを大切に君を個別にサポート

担任指導

東進が持つ豊富なデータに基づき君だけの合格設計図をともに考えます。熱誠指導でどんな時でも君のやる気を引き出します。

受験は団体戦！仲間と努力を楽しめる

チーム制

東進ではチームミーティングを実施しています。週に1度学習の進捗報告や将来の夢・目標について語り合う場です。一人じゃないから楽しく頑張れます。

現役合格者の声

東京大学 文科一類
中村 誠雄くん
東京都 私立 駒場東邦高校卒

林修先生の現代文記述・論述トレーニングは非常に良質で、大いに受講する価値があると感じました。また、担任指導やチームミーティングは心の支えでした。現状を共有でき、話せる相手がいることは、東進ならではで、受験という本来孤独な闘いにおける強みだと思います。

02 人間には不可能なことを AI が可能に

学力×志望校 一人ひとりに最適な演習をAIが提案！

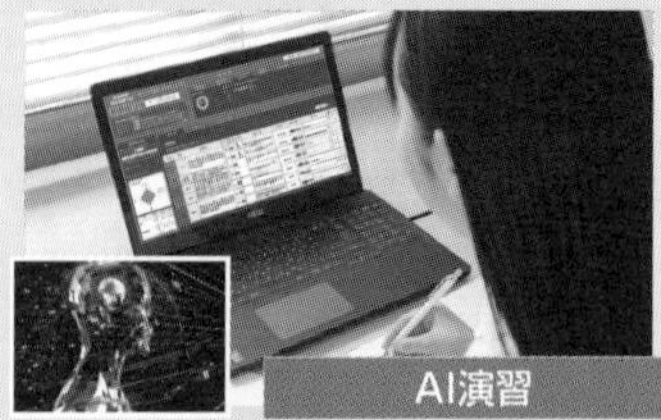

AI演習

東進の AI 演習講座は 2017 年から開講していて、のべ 100 万人以上の卒業生の、200 億題にもおよぶ学習履歴や成績、合否等のビッグデータと、各大学入試を徹底的に分析した結果等の教務情報をもとに年々その精度が上がっています。2024 年には全学年に AI 演習講座が開講します。

AI演習講座ラインアップ

高3生 苦手克服＆得点力を徹底強化！

「志望校別単元ジャンル演習講座」
「第一志望校対策演習講座」
「最難関4大学特別演習講座」

高2生 大学入試の定石を身につける！

「個人別定石問題演習講座」

高1生 素早く、深く基礎を理解！

「個人別基礎定着問題演習講座」 2024年夏 新規開講

現役合格者の声

千葉大学 医学部医学科
寺嶋 伶旺くん
千葉県立 船橋高校卒

高1の春に入学しました。野球部と両立しながら早くから勉強をする習慣がついていたことは僕が合格した要因の一つです。「志望校別単元ジャンル演習講座」は、AIが僕の苦手を分析して、最適な問題演習セットを提示してくれるため、集中的に弱点を克服することができました。

「遠くて東進の校舎に通えない……」。そんな君も大丈夫！ 在宅受講コースなら自宅のパソコンを使って勉強できます。ご希望の方には、在宅受講コースのパンフレットをお送りいたします。お電話にてご連絡ください。学習・進路相談も随時可能です。 **0120-531-104**

03 本当に学力を伸ばすこだわり

楽しい！わかりやすい！そんな講師が勢揃い

わかりやすいのは当たり前！おもしろくてやる気の出る授業を約束します。1・5倍速×集中受講の高速学習。そして、12レベルに細分化された授業を組み合わせ、スモールステップで学力を伸ばす君だけのカリキュラムをつくります。

英単語1800語を最短1週間で修得！

基礎・基本を短期間で一気に身につける「高速マスター基礎力養成講座」を設置しています。オンラインで楽しく効率よく取り組めます。

本番レベル・スピード返却学力を伸ばす模試

常に本番レベルの厳正実施。合格のために何をすべきか点数でわかります。WEBを活用し、最短中3日の成績表スピード返却を実施しています。

パーフェクトマスターのしくみ

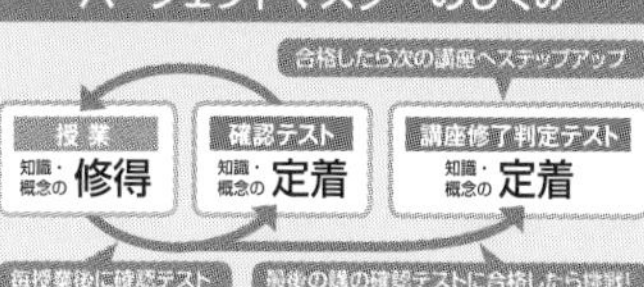

現役合格者の声

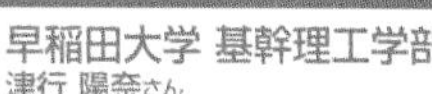

早稲田大学 基幹理工学部
津行 陽奈さん
神奈川県 私立 横浜雙葉高校卒

私が受験において大切だと感じたのは、長期的な積み重ねです。基礎力をつけるために「高速マスター基礎力養成講座」や授業後の「確認テスト」を満点にすること、模試の復習などを積み重ねていくことでどんどん合格に近づき合格することができたと思っています。

ついに登場！ 君の高校の進度に合わせて学習し、定期テストで高得点を取る！

高校別対応の個別指導コース

目指せ！「定期テスト」20点アップ！
学年順位も急上昇!!

楽しく、集中が続く、授業の流れ

1. 導入

授業の冒頭では、講師と担任助手の先生が今回扱う内容を紹介します。

2. 授業

約15分の授業でポイントをわかりやすく伝えます。要点はテロップでも表示されるので、ポイントがよくわかります。

3. まとめ

授業が終わったら、次は確認テスト。その前に、授業のポイントをおさらいします。

合格の秘訣3

東進模試

申込受付中

※お問い合わせ先は付録7ページをご覧ください。

学力を伸ばす模試

本番を想定した「厳正実施」

統一実施日の「厳正実施」で、実際の入試と同じレベル・形式・試験範囲の「本番レベル」模試。
相対評価に加え、絶対評価で学力の伸びを具体的な点数で把握できます。

12大学のべ42回の「大学別模試」の実施

予備校界随一のラインアップで志望校に特化した“学力の精密検査”として活用できます（同日・直近日体験受験を含む）。

単元・ジャンル別の学力分析

対策すべき単元・ジャンルを一覧で明示。学習の優先順位がつけられます。

最短中５日で成績表返却

WEBでは最短中3日で成績を確認できます。※マーク型の模試のみ

合格指導解説授業

模試受験後に合格指導解説授業を実施。重要ポイントが手に取るようにわかります。

2024年度

東進模試 ラインアップ

共通テスト対策

- 共通テスト本番レベル模試 …… 全4回
- 全国統一高校生テスト〈全学年統一部門〉〈高2生部門〉〈高1生部門〉 …… 全2回

同日体験受験

- 共通テスト同日体験受験 …… 全1回

記述・難関大対策

- 早慶上理・難関国公立大模試 全5回
- 全国有名国公私大模試 …… 全5回
- 医学部82大学判定テスト …… 全2回

基礎学力チェック

- 高校レベル記述模試〈高2〉〈高1〉 …… 全2回
- 大学合格基礎力判定テスト …… 全4回
- 全国統一中学生テスト〈全学年統一部門〉〈中2生部門〉〈中1生部門〉 …… 全2回
- 中学学力判定テスト〈中2生〉〈中1生〉 …… 全4回

※ 2024年度に実施予定の模試は、今後の状況により変更する場合があります。
最新の情報はホームページでご確認ください。

大学別対策

- 東大本番レベル模試 …… 全4回
- 高2東大本番レベル模試 全4回
- 京大本番レベル模試 …… 全4回
- 北大本番レベル模試 …… 全2回
- 東北大本番レベル模試 …… 全2回
- 名大本番レベル模試 …… 全3回
- 阪大本番レベル模試 …… 全3回
- 九大本番レベル模試 …… 全3回
- 東工大本番レベル模試[第1回]／東京科学大本番レベル模試[第2回] 全2回
- 一橋大本番レベル模試 …… 全2回
- 神戸大本番レベル模試 …… 全2回
- 千葉大本番レベル模試 …… 全1回
- 広島大本番レベル模試 …… 全1回

同日体験受験

- 東大入試同日体験受験 …… 全1回
- 東北大入試同日体験受験 …… 全1回
- 名大入試同日体験受験 …… 全1回

直近日体験受験 …… 各1回

- 京大入試 直近日体験受験
- 北大入試 直近日体験受験
- 阪大入試 直近日体験受験
- 九大入試 直近日体験受験
- 東京科学大入試 直近日体験受験
- 一橋大入試 直近日体験受験

2024年 東進現役合格実績

受験を突破する力は未来を切り拓く力!

東大現役合格実績日本一[※1] 6年連続800名超!

現役生のみ! 講習生を含まず!

※1 2023年東大現役合格実績をホームページ・パンフレット・チラシ等で公表している予備校の中で最大(2023年JDnet調べ)。

東大834名

文科一類 118名　理科一類 300名
文科二類 115名　理科二類 121名
文科三類 113名　理科三類 42名
学校推薦型選抜 25名

全現役合格者に占める東進生の割合

2024年の東大全体の現役合格者は2,284名。東進の現役合格者は834名。東進生の占有率は36.5%。現役合格者の2.8人に1人が東進生です。

法学部 4名　工学部 8名
経済学部 1名　理学部 4名
文学部 1名　薬学部 2名
教育学部 1名　医学部医学科 1名
教養学部 3名

京大493名 昨対+21名

総合人間学部 23名
文学部 37名
教育学部 10名
法学部 56名
経済学部 49名
理学部 52名
医学部医学科 28名
医学部人間健康科学科 20名
薬学部 14名
工学部 161名
農学部 43名
特色入試(上記に含む) 24名

早慶5,980名 昨対+239名

早稲田大 3,582名 史上最高!※2
政治経済学部 472名
法学部 354名
商学部 297名
文化構想学部 276名
理工3学部 752名
他 1,431名

慶應義塾大 2,398名 史上最高!※2
法学部 290名
経済学部 368名
商学部 487名
理工学部 576名
医学部 39名
他 638名

医学部医学科1,800名 昨対+9名

国公立医・医 1,033名 防衛医科大学校を含む
私立医・医 767名 史上最高!※2

国公立医・医1,033名 防衛医科大学校を含む

東京大 43名　名古屋大 28名　筑波大 21名　横浜市立大 14名　神戸大 30名
京都大 28名　大阪大 23名　千葉大 25名　浜松医科大 19名　その他
北海道大 18名　九州大 23名　東京医科歯科大 21名　大阪公立大 12名　国公立医・医 700名
東北大 28名

私立医・医 767名 昨対+40名 史上最高!※2

自治医科大 32名　慶應義塾大 39名　東京慈恵会医科大 30名　関西医科大 49名　その他
国際医療福祉大 80名　順天堂大 52名　日本医科大 42名　私立医・医 443名

旧七帝大+東工大・一橋大・神戸大 4,599名

東京大 834名　東北大 389名　九州大 487名　一橋大 219名
京都大 493名　名古屋大 379名　東京工業大 219名　神戸大 483名
北海道大 450名　大阪大 646名

上理明青立法中21,018名

上智大 1,605名　青山学院大 2,154名　法政大 3,833名
東京理科大 2,892名　立教大 2,730名　中央大 2,855名
明治大 4,949名

国公立大16,320名

※2 史上最高… 東進のこれまでの実績の中で最大。

国公立 総合・学校推薦型選抜も東進!

旧七帝大+東工大・一橋大・神戸大 434名

国公立医・医 319名

東京大 25名　大阪大 57名
京都大 24名　九州大 38名
北海道大 24名　東京工業大 30名
東北大 119名　一橋大 10名
名古屋大 65名　神戸大 42名

国公立大学の総合型・学校推薦型選抜の合格実績は、指定校推薦を除く、早稲田塾を含まない東進ハイスクール・東進衛星予備校の現役生のみの合同実績です。

ウェブサイトでもっと詳しく　東進　検索

関関同立13,491名

関西学院大 3,139名　同志社大 3,099名　立命館大 4,477名
関西大 2,776名

日東駒専9,582名

日本大 3,560名　東洋大 3,575名　駒澤大 1,070名　専修大 1,377名

産近甲龍6,085名

京都産業大 614名　近畿大 3,686名　甲南大 669名　龍谷大 1,116名

2024年3月31日締切

各大学の合格実績は、東進ネットワーク(東進ハイスクール、東進衛星予備校、早稲田塾)の現役生のみ、高3時在籍者のみの合同実績です。一人で複数合格した場合は、それぞれの合格者数に計上しています。

東進へのお問い合わせ・資料請求は
東進ドットコム www.toshin.com
もしくは下記のフリーコールへ！

ハッキリ言って合格実績が自慢です！大学受験なら、

東進ハイスクール 0120-104-555（トーシン ゴーゴーゴー）

●東京都

[中央地区]

- □市ヶ谷校 0120-104-205
- □新宿エルタワー校 0120-104-121
- ＊新宿校大学受験本科 0120-104-020
- 高田馬場校 0120-104-770
- □人形町校 0120-104-075

[城北地区]

- 赤羽校 0120-104-293
- 本郷三丁目校 0120-104-068
- 茗荷谷校 0120-738-104

[城東地区]

- 綾瀬校 0120-104-762
- 金町校 0120-452-104
- 亀戸校 0120-104-889
- □★北千住校 0120-693-104
- 錦糸町校 0120-104-249
- □豊洲校 0120-104-282
- 西新井校 0120-266-104
- 西葛西校 0120-289-104
- 船堀校 0120-104-201
- 門前仲町校 0120-104-016

[城西地区]

- □池袋校 0120-104-062
- 大泉学園校 0120-104-862
- 荻窪校 0120-687-104
- 高円寺校 0120-104-627
- 石神井校 0120-104-159
- □巣鴨校 0120-104-780
- 成増校 0120-028-104
- 練馬校 0120-104-643

[城南地区]

- 大井町校 0120-575-104
- 蒲田校 0120-265-104
- 五反田校 0120-672-104
- 三軒茶屋校 0120-104-739
- □渋谷駅西口校 0120-389-104
- 下北沢校 0120-104-672
- □自由が丘校 0120-964-104
- □成城学園前駅校 0120-104-616
- 千歳烏山校 0120-104-331
- 千歳船橋校 0120-104-825
- 都立大学駅前校 0120-275-104
- 中目黒校 0120-104-261
- □二子玉川校 0120-104-959

[東京都下]

- □吉祥寺南口校 0120-104-775
- 国立校 0120-104-599
- 国分寺校 0120-622-104
- □立川駅北口校 0120-104-662
- 田無校 0120-104-272
- □調布校 0120-104-305
- 八王子校 0120-896-104
- 東久留米校 0120-565-104
- 府中校 0120-104-676
- □★町田校 0120-104-507
- 三鷹校 0120-104-149
- 武蔵小金井校 0120-480-104
- 武蔵境校 0120-104-769

●神奈川県

- 青葉台校 0120-104-947
- 厚木校 0120-104-716
- 川崎校 0120-226-104
- 湘南台東口校 0120-104-706
- 新百合ヶ丘校 0120-104-182
- センター南駅前校 0120-104-722
- たまプラーザ校 0120-104-445
- 鶴見校 0120-876-104
- 登戸校 0120-104-157
- 平塚校 0120-104-742
- □藤沢校 0120-104-549
- □武蔵小杉校 0120-165-104
- □★横浜校 0120-104-473

●埼玉県

- □浦和校 0120-104-561
- □大宮校 0120-104-858
- 春日部校 0120-104-508
- 川口校 0120-917-104
- 川越校 0120-104-538
- 小手指校 0120-104-759
- 志木校 0120-104-202
- せんげん台校 0120-104-388
- 草加校 0120-104-690
- 所沢校 0120-104-594
- □★南浦和校 0120-104-573
- 与野校 0120-104-755

●千葉県

- 我孫子校 0120-104-253
- 市川駅前校 0120-104-381
- 稲毛海岸校 0120-104-575
- □海浜幕張校 0120-104-926
- □★柏校 0120-104-353
- 北習志野校 0120-344-104
- □新浦安校 0120-556-104
- 新松戸校 0120-104-354
- 千葉校 0120-104-564
- □★津田沼校 0120-104-724
- 成田駅前校 0120-104-346
- 船橋校 0120-104-514
- 松戸校 0120-104-257
- 南柏校 0120-104-439
- 八千代台校 0120-104-863

●茨城県

- つくば校 0120-403-104
- 取手校 0120-104-328

●静岡県

- ★静岡校 0120-104-585

●奈良県

- ★奈良校 0120-104-597

★ は高卒本科（高卒生）設置校
＊ は高卒生専用校舎
□ は中学部設置校

※変更の可能性があります。
最新情報はウェブサイトで確認できます。

全国約1,000校、10万人の高校生が通う、

東進衛星予備校 0120-104-531（トーシン ゴーサイン）

近くに東進の校舎がない高校生のための

東進ハイスクール 在宅受講コース 0120-531-104（ゴーサイン トーシン）

ここでしか見られない受験と教育の最新情報が満載！

東進ドットコム www.toshin.com

東進 検索

東進TV

東進のYouTube公式チャンネル「東進TV」。日本全国の学生レポーターがお送りする大学・学部紹介は必見！

大学入試過去問データベース

君が目指す大学の過去問を素早く検索できる！2024年入試の過去問も閲覧可能！

※2024年4月現在